Gerd Spiekermann wurde 1952 in Ovelgönne/Wesermarsch geboren. Er studierte Romanistik und Politologie in Marburg und Rennes (Frankreich), absolvierte sein Referendariat in Wilhelmshaven und leistete anschließend Zivildienst in einer Hamburger Werkstatt für psychisch Kranke. Gerd Spiekermann war von 1985 bis 2015 Redakteur für Niederdeutsch bei NDR 90,3 in Hamburg. Seit 1988 ist er regelmäßig in der NDR-Sendereihe „Hör mal `n beten to" zu hören. Eine Vielzahl seiner Geschichten und Erzählungen liegen in Büchern vor, und Live-Mitschnitte seiner Lesungen sind auf Hörbüchern zu finden. Für seine Erzählungen wurde er mehrfach mit literarischen Preisen ausgezeichnet.

Gerd Spiekermann

Wiehnachten fallt ut

Quickborn-Verlag

Die plattdeutsche Schreibweise des Autors
ist unverändert übernommen worden.

ISBN 978-3-87651-514-4

Umschlagfoto: Günter Pump, Nordhastedt
Umschlaggestaltung: Günter Pump, Nordhastedt
Gesamtherstellung: CPI books GmbH, Leck
*Der Umwelt zuliebe
auf chlorfrei gebleichtem Papier gedruckt*
Printed in Germany

Inhalt

Hallo liebes Christkind!
Ich wünsche mir zu Weihnachten ein Haustier, Reh oder Krockodiel, und einen Rasenmäher mit Lenkrad und und Sitz. Damit ich bei uns im Dorf die alten Omas zusammenfaren kann. Biette bring mir auch einen Kemiekasten mit dem ich lustige experimente an meinen kleinen Bruder machen kann.
Danke.
Alex

(aus: Briefe an den Weihnachtsmann)

Wiehnachten-Avend

Wiehnachten-Avend, as ik so 4/5 Johr oolt weer, dat weer bi uns tohuus al en besünnern Dag, dat mööt ik al seggen. Mien Öllern harrn ja en Kneipe, en Landgasthof, un de weer an'n Hilligen Avend dicht. Goot, dicht heet nich ganz dicht. Wi harrn ja achtern ok en Döör, un de weer nich afslaten un so kemen denn de Lüüd von achtern rin. Tant Coors, de Naversfro, de för ehrn Mann noch en Wiehnachtsgeschenk bruken dee: ene lütte Packung Eckstein. 6 Zigaretten för 50 Penn. Dat geev ok lütte Tafeln Schokolaad. Ok för 50 Penn. De güngen to Wiehnachten ok goot weg. Denn keem ok Navers Klaus, 8 Johr, un haal för sien Vadder twee Buddel Beer. Hett he ok kregen.

Avers dat Besünnere för mi an den Hilligen Avend, dat weern dree Saken. To'n enen: Middaags un avends geev dat Bockwust mit Kartuffelsalat, herrlich. To'n tweten: an'n Hilligen Avend hefft wi nix an de Backen kregen – bit to'n 23. ja un an'n 25. kunn dat ok al wedder passeern. Doch nich an den Dag, as dat lüttje Jesuskind up de Welt kamen is. Un to'n drüdden: an'n Hilligen Avend druffen wi den ganzen Nomiddag fernsehkieken. Dat wi de Öllern ünner de Fööt weg weern. Doch wat keem an'n Hilligen Avend: *Wir warten auf's Christkind*. Twee Stunden. Dat güng so los: de Kamera fangt en lüchen Dannenboom in, swenkt denn up allerlei Holtfiguren: de Stall von Bethlehem, wo een Maria, Josef un dat Christuskind in de Krüff liggen süht. Esel un Oss kiekt to. Un denn fahrt de Kamera in de Stuuv, wo allerlei Kinner up de Grund huukt, up en Küssen natürlich un mittenmang sitt up en Sessel en Fro. Un de seggt:

Grüß Gott, liebe Kinder.

Un de Kinner blarrt retour:

Grüß Gott, Erika!

Mit knappe Not verstah ik, dat Erika mit de Kinner över Wiehnachten snacken deit. Doch as se up dat Thema Eten kaamt, verstah ik meist gor nix mehr. Ik höör wat von Platzerl un Kipferl. Bockwust mit Kartuffelsalat, dat seggt avers nüms.

Nu kümmt en Gast in de Stuuv rin. En Opa mit Hoot un Piep, de glieks anfangt to vertellen. 10 Minuten an't Stück. Dat eenzige wat ik verstah, dat is Matterhorn. Matterhorn. Un he weiharmt egalweg: Matterhorn. Vondagen weet ik, wokeen dat weer: Luis Trenker.

Twüschendöör ward sungen – un denn endlich kümmt Erika mit de Kinner up dat wichtigste Thema to snacken: de Geschenke, de se sik wünschen doot un de dat Christkind ehr bringen schall.

Un dor heff ik jümmers dacht: De hefft se woll nich mehr all. De ene Deern wünscht sik en Puppenstuuv. So'n dubbelte. Mit Köök un Stuuv. Wo schall dat Christkind mit sien korten Arms de denn woll inpacken, hoochheven un ünnern Dannenboom leggen? Dat ward nix. Un en Jung wünscht sik wohrhaftig en Fahrrad, a Radel, dat schall ok dat Christkind em bringen. Ja, so'n Rad, so'n Radel, dat wull ik dat Johr ok hebben. Doch dat Christkind is, wenn't hooch kümmt, so groot as mien Süster ehr Popp un kann natürlich noch nich lopen, wo schall dat a Radel in de Stuuv schuven? Ik heff jümmers dacht: Erika, segg em dat doch endlich. Doch Erika hett blots wat snackt von a scheens Radel. Gell? Passt!

Noch en Wiehnachtsleed un denn heet dat upmal:

Pfiat Eich, Kinner.

De blarrt retour:

Pfiat Di, Erika.

Un dat weer't denn.

Nee, heff dacht, för disse Kinner is Wiehnachten en ganz slimm Fest. Dat steiht fast. To'n enen gifft dat bi de kien Bockwust mit Kartuffelsalat un to'n tweden kiene Geschenke. Wegen dat lütte Christkind. Un dorum heff ik ja ok nich up dat Christkind, nee, ik heff up den Wiehnachtsmann töövt. De schull mi dat Johr dat Radel bringen. Un den Wiehnachtsmann, den harr ik sogor al mal sehn. Letzt Johr stund he bi us an de Döör un hett de Geschenken aflevert. De seeg so ut as Unkel Martens ut de Bahnhoffstraat. Sülvige Grödde, sülvige Statur. Unkel Martens hett bi us in de Gaststuuv mal en Wett wunnen. He hett wett, dat he en groot Glas Beer in enen Toch utsupen kunn. Hett he schafft. Un sik denn glieks dorna ene Eckstein ansteken. Un do wuss ik, wat en echten Wiehnachtsmann könen mutt: supen un smöken. Blots wenn he dat kann, denn kann he di ok a Radel bringen.

Sülvstmaakte Wiehnachten

Wiehnachtstiet, dat weer fröher bi us vör all de Sülvstmakertiet.
Mien Mudder weer en Süvstmakersche, dat köönt ji jo nich vörstellen, wenn ji nich ok so'n Mudder hadd hefft oder noch hefft – oder sülvst so en Mudder sünd.
Midde Dezember güng dat ja los mit de Sülvstmakeree. An de eerste Stee stünd de Klöben, de annerwegens Klaben oder Stollen heet. Wiehnachten ahn Klöben – unmöglich. Denn geev dat bi us ok to Wiehnachten jümmers Mudder ehrn sülvstmaakten Heringssalat. Ähh! Ick seh dat noch, wenn Mudder de Heringen utnehmen un tweisnibbeln dee un denn dor de rote Bete to, de Appeln, de Gurken un de harten Eier. Dree Daag harr Mudder rode Hannen. Twüschendöör wurrn Plätzchen backt un Marzipan ansett. Von

morgens Klock negen bit namiddaags Klock fief hett Mudder in de Kööк stahn un wurracht. Dor kunn ehr ok nüms bi helpen. Dat weern Mudder ehr sülvstmaakte Wiehnachten. Basta.

Un wehe, dor hett een wat to seggt. Mudder, heff ik mal so nevenbi fallenlaten, ik heff ja güstern bi Peter Avendbroot eten, un dor geev dat ok Heringssalat von Voss, de weer di lecker. Oder: Mudder, wi hefft in de School lehrt, dat Lübecker Marzipan, dat schall ja dat beste up de Welt ween. Ohhh. Mien Mudder harr mi meist ut de Kööк rutsmeten.

Un avends denn hett Mudder in de Stuuv seten un strickt. Schaals, Strümp, Hanschen un Pullovers. So bit Klock teihn, denn weer se in'n Sessel inslapen.

Un bi de Strickeree weer dat just so. Du druffst ja nich eenfach so fragen: Segg mal, Mudder, wat ward dat, wenn dat kloor is? Achtung, Lebensgefahr. Un denn keem dat so, as dat kamen muss, se hett't nich all kloorkregen bit Hilligen Avend. Ick besinn mi noch, dat ik Wiehnachten mal en Pullover mit blots enen Arm anprobeert heff un dat anner Johr hett Mudder miene nejen sülvstmaakten Strümp hoochholen. Dor steken noch veer Stricknadeln is. Dreekönigsdag heff ik de Strümp kregen un in‘n April den Pullover. To mien Geburtsdag. Tja, so lang duurt sülvstmaakte Wiehnachten.

Hoch, da komm ich her

Dat gifft ja twee Wiehnachtsleder, de mi dat andaan hefft. So un so. Dat een finn ik wunnerbar, dat bringt mi sogor to'n Lachen, dat anner avers kann un will ik nich höörn, wiel ik dat bit vondagen nich verstahn do. Allens füng an an'n Wiehnachtenavend 1964. Wi güngen ja jümmers Wiehnachten mit Oma in de Kark, so ok 1964. Blots dat Johr is us Organist an'n Hilligen Avend bi't Sneefegen utgleden un hett sik dor de Hand bi braken. Of he nu wull oder nich: he kunn nich spelen. Un finn du mal an'n Wiehnachtenavend Ersatz, up'n Lannen, 1964. Nix bi to maken. Man us Pastoor harr ja en Tonbandgerät: Grundig TK 27 L, Stereo. Dat weer al wat. Un up dit Tonbandgerät hett he nu de Leder upnahmen, de wi an'n Wiehnachtenavend singen schullen. Von Schallplatte up Tonband överspeelt. Wiehnachtsleder mit den

Tölzer Knabenchor! Dat Grundig TK 27 L stunn up de Bank in de eerste Reeg un den Pastoorn sien Jung Johannes seet as Tonmeister dorgegen un drück nu up PLAY oder STOP, so as sien Vadder em dat dör Nickkoppen bedüden dee. Dat kunn ik genau sehn, denn wi seten ja in de twede Reeg, direkt achter em. Bi't eerste Leed güng dat ok goot: *Was soll das bedeuten, es taget ja schon.* Wi süngen tohoop mit den Tölzer Knabenchor. Bi de twede Strophe: *Treibt zusammen, treibt zusammen die Schäflein fürbass*, dor heff ik Oma fraagt: Wer is egentlich disse Bass? Den kenn ik nich. Still, Jung. Wo wahnt de, Oma? Still. Dat hett mi avers kien Roh laten un dorum heff ik mi över de Bank na vörn lehnt un Johannes fraagt: Kennst du dissen Bass? Worum schall de all de Schaap hebben? Johannes kunn sik nich mehr inkriegen vör lachen un verpass prompt dat Nickkoppen von sien Vadder, as de Tölzer Jungs al all de Schaap för Bass tosamendreven harrn. Ut den Stereoluutspreker von den Grundig TK 27 L klung nu al dat neeste Leed dör de Kark: *Vom Himmel –* as Johannes endlich den Stoppknoop finnen dee. De Pastoor weer not amused, dat lett sik denken. Un as he nu dat neegste Leed ankünnigen dee, natürlich *Vom Himmel hoch, da komm ich her*, geev dat dat schöönste Wiehnachtskuddelmuddel, dat use Kark in ehr mehr as 120 johrig Geschicht beleevt hett. Von't Tonband setten de Tölzer Knaben nu in bi „Hoch, da komm ich her", doch de Gemeende harr ja dat Gesangbook vör de Nees un wull partout mit „Vom Himmel" anfangen. Een paar ganz kloke sprungen avers glieks na vörn un fungen an mit „Ich bring Euch gute neue Mär", un dit Dörn'anner güng nu von „der guten Mär", över „davon ich" bit to „sahagen will". Un denn kemen de Tölzer Knaben mit *Sahagen will* un toletzt ok de Gemeende: *Sahagen will*, as von't Tonband al de twede Strophe keem: „Es ist ein Kindlein" un dat Dörn'anner wieder güng, sik in Strophe dree langsam trechtsorteern dee un wi an'n Ennen von dat Leed in Strophe veer *„und ewiglich"* – endlich wedder all bi'nanner weern.

So is dat kamen, dat ik to Wiehnachten an'n leevsten *Vom Himmel hoch* singen do un *Was soll das bedeuten* jümmers noch nich ustahn kann, denn bit vondagen hett mi nüms seggen kunnt, wer disse verdreihte Bass mit all de Schaap is.

De Wiehnachtsmann

Mit den Wiehnachtsmann is dat ja so'n Saak. De kümmt ja blots för de lütten Kinner un dat ok blots, wenn se an em glöövt. Ik heff dor fast an glöövt, as ik lütt weer. Un dat is mi nich licht fullen, denn dor weern ja faken Soken, de nich tonanner passen deen. Avers ik heff mi dat jümmers verklaren künnt un so den Wiehnachtsmann för mi rett.
Gediegen weer dat to'n Bispill, dat de Wiehnachtsmann jümmers to de Tiet keem, wenn wi mit Oma in de Kark weern. Wenn wi tohuus ankemen, denn weer he just even weg. Mien Vadder hett denn seggt: Weern ji en paar Minuten ehrder kamen, harrn ji em noch sehn. Nu is he röver na Bargmanns, hett he seggt. Kiek mal, hier steiht noch sien Glas Beer, hett he gor nich utdrunken. Wahrhaftig, dor stund en Glas Beer. Halfvull. Vadder hett sik denn er-

barmt un dat Glas utsapen. Un dorbi hett he anners nie en Glas anfaat, wo al annerseen ut drunken harr.

Anner Johr weer de Kark ’n beten ehder ut un dor leeg ok kien Snee un ik heff jümmers seggt: Gau, gau no Huus, de Wiehnachtsmann, ik will em ditmal sehn. Un as as wi endlich tohuus ankemen, dor weer he doch wedder ’n paar Minuten vörher ut de Döör gahn. Un dat Glas Beer stund dor ok wedder. Un Vadder sä: Ji harrn em egentlich noch sehn mußt. Nu is röver gahn ... Jo, na Bargmanns, hett he seggt, ik weet. As ik den annern Dag denn bi Bargmanns weer un mi de Geschenken von mien Fründ Hans bekeken heff, dor höör ik, dat he dor al an’n fröhen Namiddag kamen weer, as Hans un sien Süster to’n Wiehnachtskoffeedrinken bi ehr Unkel un Tante weern. Hans sä, dat weer ganz gediegen, avers bi ehr keem de Wiehnachtsmann jümmers so gegen Klock dree, utgerekent denn, wenn he un sien Süster bi ehr Unkel un Tante to’n Wiehnachtskoffeedrinken weern. Hmmh. Un bi us weer he jümmers so gegen Klock söß, kort bevör de Kark ut weer. Ik kunn mi dat blots so verklaarn, dat mien Vadder sik verhöört hett, dat de Wiehnachtsmann nich na Bargmanns, nee, na Hartmanns gahn is. De wahnt ja dree Hüüs wieder. Denn worüm schull he Klock dree bi Bargmanns kamen, denn all de annern Hüüs in de Straat besöken un eerst Klock söß bi us inkehren. Hmmh, hmmh, hmmh.

Ik kunn ok nich begriepen, worüm de Wiehnachtsmann faken mit de Wiehnachtsgeschenken nich so recht Bescheed wuß. Enmal hett he mi en Anorak bröcht, de mi veel to groot weer. Dor wasst du noch rin, hett Mudder seggt. Ik heff den Anorak natürlich antrocken un bün överall utlacht worrn. Veel slimmer weer dat avers mit den ersten Mantel för mien Süster. De weer veel to lütt. De Arms weern veel to kort un dichtknöpen kunn se denn al gor nich. Un dat kunn ik gor nich begriepen. Ik heff jümmers dacht, de Wiehnachtsmann, de wuss allens, also ok de Grödde von en Mantel för mien Süster. Un nu dit Mallöör. Avers denn fullt mi in, dat de Wiehnachtsmann ja al en paar hunnert Johr oolt is, noch öller as mien Opa, de ja ok so vergeten weer. De hett dat woll in'n Tüdel kregen. Kann ja mal passeern. Tja, doch denn hett Mudder mit mien Süster den Mantel anner Week bi Plünnen-Harms umtuuscht. Gediegen, dach ik, wat hett de Wiehnachtsmann mit Plünnen-Harms to kriegen? Doch denn wurd mi dat kloor: he hett bi Plünnen-Harms en lütt Lager anleggt, dat he nich för jedeen Stück na baben in de Wulken un wedder retour reisen mööt. Harms is so'n Aart Vertreder för den Wiehnachtsmann. Dat Mudder för den nejen Mantel avers 12,50 DM toleggen musst, dat wull un wull mi nich in'n Kopp. Weer woll so'n Aart Provision för Plünnen-Harms.

Wat mi nie in'n Kopp rin wull, dat weer de Geschicht mit den Sleden. Wenn Snee leeg, goot, denn kann de Wiehnachtsmann mit sien Sleden dör de Straten fahren, doch averlangs harrn wi to Wiehnachten 8-10 Graad. Wat mööt de Peer rieten, wenn de den vullpackten Sleden dör de Straten treckt. Un denn de Larm. Dat harrn wi doch bit in de Kark höörn musst. Hefft wi avers nich höört. Un dat kunn ja blots heten, de Wiehnachtsmann hett gor kien Sleden, oder blots denn, wenn Snee liggt, in de annern Johren fahrt he mit en Gummiwagen dör de Welt. Dat dröff avers nüms weten, denn dat passt nich to de Biller, de överall to sehn weern. Un dat weer ja peinlich för den Wiehnachtsmann – mit'n Gummiwagen.

Dat slimmste avers keem noch: een Johr stund in de Zeitung:

Gemein! Brandstiftung beim Weihnachtsmann! Dor harrn Verbrekers en groot Lager in Ollnborg ansteken un allens weer verbrennt. In de Zeitung weer en Wiehnachtsmann mit sien Sleden to sehn – vör de Ruinen von en groot Lagerhuus. Dree Daag vör Wiehnachten. Ik heff blarrt as noch nie in mien Leven vörher. Wiehnachten fallt ut. Un just dit Johr harr ik mi en elektrische Iesenbahn wünscht – un nu – weer allens verbrennt. So elend heff ik noch nie in Leven föhlt. Ik wull blots noch alleen ween. Un dorum heff ik mi verkropen, wo mi nüms finnen schull. Baben up'n Böhn. Doch as ik de Trepp hoochklattert weer, wat seeg ik? Baben up'n Böhn stunnen dree Kartons un twee Taschen, de weern bit an'n Rand vull – mit Saken. All noch nich inpackt. Dat weern ja – Wiehnachtsgeschenken. En Lastexbüx för mien Süster, en Klenner för Oma, en blauen Schaal, en Paar niege Steveln för Vadder, Strietschoh – in miene Grödde – un in fief lütte Paketen – miene Iesenbohn. Dat all leeg baben up den Böhn.
Ohhhh!
Blitzaartig wurd mi dat kloor: all, wat Vadder un Mudder mi in de letzten Johren vörspeelt hefft – mit den Wiehnachtsmann, de jümmers kort nadat wi von de Kark nohuus kamen sünd, bi us ut'n

Huus gahn weer un denn no Bargmanns oder Hartmanns röver, dat weer gor nich wohr. Ok Vadder mit sien Glas Beer, allens Lögenkraam. Nu wurd mi dat kloor: Theater. Blots för mi maakt. Dat ik ehr dösige Snackeree von den Wiehnachtsmann, de von Döör to Döör geiht, glöven schull.

Doch nu wuss ik de Wohrheit.

Un de Wohrheit is: de Wiehnachtsmann – de schafft dat gor nich an'n Wiehnachtsavend. Dor is he doch al veel to oolt för. He is ja noch öller as Opa. Dat sünd veel to veel Hüüs, de kann he gor nich an en Avend aflopen, un dorum geiht he al vör Wiehnachten up Tour un verdeelt de Geschenken un de Öllern, de dröövt de eerst an'n Wiehnachtsnamiddag von'n Böhn daalhalen un inpacken. Dorum sünd Vadder un Mudder nie mit na de Kark gahn. De hefft keen Tiet, de mööt de Geschenken inpacken un ünnern Dannboom leggen. Avers se dröövt den Wiehnachtsmann up kienen Fall verraden, dat weer ja gemein. Dat deit een nich bi so'n olen Mann. Se mööt dit Theater mitspelen, anners ward he seker böös un denn kriegt se anner Johr nix von em.

So is dat. Dat is dat grode Geheimnis um den

Wiehnachtsmann. Un ik wuss dat. Wohrschienlich weer ik dat eenzige Kind up de Welt, dat dat wuss. Un kloor, ik heff dat natürlich nüms vertellt. Blots – denn muss ik an de Kinner denken, för de de Wiehnachtsmann de Geschenken noch nich up'n Böhn leggt harr. Wi harrn ja noch dree Daag hen bit Wiehnachten. Hans Bargmann to'n Bispill. Wenn he bi Bargmanns noch nich ween is, denn kriggt de nix. Is ja allens verbrennt.
Avers – ehrlich geseggt – dat weer mi denn ok egal. Ik wuss, ik krieg to Wiehnachten miene elektrische Iesenbahn, un wenn Vadder na de Kark wedder mit sien Geschicht von dat Glas Beer kümmt, denn segg ik: Na denn, Vadder, Prost Wiehnachten!

Wiehnachten 1966

Wenn de Lüüd över Wiehnachten snackt, vör all över Wiehnachten in ehr Kinnertiet, denn kriegt se ja all natte Ogen un swöögt dor von, woveel schöner dat domals doch weer. Sünnerlich, dat een fröher nich wuss, wat an'n 24. Dezember ünnern Wiehnachtsboom leeg, dat drifft de Lüüd ja de Tranen in't Gesicht. Mi ok! Un ik will jo ok vertellen, worüm!

Vondagen is ja de Wunschzedel von de Kinner tomeist en Bestellzedel, ik geev dat to. Dat kunnen wi, mien Süster un ik, mit use Öllern ja nich maken. De menen ja, dat Kinner ehrn Willen nich eenfach so kriegen schullen. Ok un just nich to Wiehnachten. Kinner, de ehrn Willen kriegt, de bildt sik wat in, de denkt, de mööt blots mit'n Finger knipsen un batz liggt dat Geschenk al ünnern Boom. Nee, ok Wiehnachten hett een sik in Bescheidenheit to öven.

Un dorüm harrst du di ja ok gefälligst to freuen, egal, wat du kregen hest, denn Wiehnachten weer doch ok dat Överraschungsfest. Bescheidenheit un Överraschung. Männigmal ok bescheidene Överraschung. Avers dat druffst di ja nich anmarken laten. Gegendeel. Dat weer doch Mudder ehr gröttste Vergnögen, wenn wi de Geschenken utpacken deen un denn grode Ogen maken, wenn us bi den Anblick von de Geschenken de Luft meist wegbleev un wi denn seggen deen: Dor heff ik in all mien Daag nich mit rekent.

Dor heff ik ok in all mien Daag nich mit rekent, dat ik, as ik mi 1965 en elektrische Iesenbohn wünschen dee, en dick Book kregen heff: *Die Sagen der Germanen und der Griechen und Römer.* Dat Book steiht noch bi mi in't Bökerschapp – ungelesen! Ut reine Vergrelligkeit. Un mien Süster hett dat domals ok total de Spraak verslaan. To't dit schöne Wiehnachtsfest 1965 harr se sik en Nylonstrumpbüx ut'n Neckermann-Katalog wünscht. Kregen hett se en Paar brune wullen Strümp, de Oma strickt harr. Lustig, lustig tatalalala!

Ok wenn wi us ganz dull anstrengt hefft mit dat Freuen un Överraschtdoon, use Öllern hefft

natürlich markt, dat dat kien schön Wiehnachtsfest för us weer, kunnen dat avers nich togeven. Un dat se't markt hefft, dat hett us freut un dorum hefft wi dor ja fast mit rekent, dat wi 1966 ok dat kriegen deen, wat wi us wünscht harrn. Ik wull so geern en paar niege Strietschoh hebben. Von Hudora. De Strietschoh wurrn ja domals noch an de Schohsahlen fastklemmt – mit so'n Uhrenslötel, den wi denn mit so'n Band um'n Hals bummeln harrn.
Un mien Süster, de wull ja unbedingt en Lastexbüx hebben. Mit so'n Steg ünnern Foot un en ingeneihte Bügelfalte. De seten jümmers glatt un stramm. Conny Froboess droog ok so ene – in de Bravo.
Tja, avers schullen wi de wohrhaftig kriegen, dat weer ja de grode Fraag. Veer Daag vör Wiehachten hefft mien Süster un ik dat nich mehr utholen, un wi sünd dat Söken anfungen. En knappe halve Stünn hett't duurt, denn funnen wi up'n Böhn in dat ole Ekenschapp twee verdächtige Paketen: een weer hart un veerkant as en Schohkarton, dat anner week un labberig as en Pund Heilbutt in Zeitungspapier. Un wat schall ik jo seggen: in dat ene weern miene Stietschoh un in dat anner de Lastexbüx. Herr-

lich. Kloor, wi wullen natürlich glieks mal utprobeern, of de Grödde ok stimmen dee. As mien Süster just de Lastexbüx hoochtrecken dee un ik dorbi weer, de Stietschoh fasttodreihen, stünn upmal use Mudder achter us. Wat schall ik jo seggen: ehr hett dat just so de Spraak verslaan as mien Süster un mi en Johr vörher bi de wullen Strümp un de Sagen der Germanen und der Griechen und Römer.
Mudder hett en füürroden Kopp kregen un na Luft rungen as en Heilbutt in'n Sand. Un wiel ik dat nich uthooln kunn, heff ik gau de Stietschoh wedder afdreiht, heff de in'n Karton retourpackt un seggt: Mudder, de passt avers genau!
Wiehnachten 1966 – kann un will ik nich vergeten!

Caspar

Bi us in de Kark wurd ja to Wiehnachten jümmers en Krippenspill instudeert. Von de Kunfermanden un Vörkunfermanden. Un dat muss ja jedeen Johr wat Nies ween. Dor weer use Pastoor ja ok fix achterher. Un so hefft wi över de Johren mal Navers Bärbel as Maria sehn, de ehr egen Popp to Welt bröcht hett, anner Johr weer ehr Broder Jochen en Esel, de snacken kunn un de Helmut, dat weer de Oss, dat Wiehnachtswunner verklaren dee. Un eenmal stunnen de Kunfermanden vörn in'n Altarruum un deen so, as wenn Maria un Josef in us Dörp landt weern un hier na en Ünnerkamen söken deen. Un wiel mien Öllern ja en Weertshuus harrn – mit Fremdenzimmer – kemen de Kunfermanden up de Idee, just in dit Fremdenzimmer kunnen Maria un Josef ja woll intrecken. Ik weer domols just fief Johr oolt un heff in de Kark rinropen: Geiht nich! Is al besett!

Unkel Hannes un Tant Margot kaamt över Wiehnachten.
En paar Johr later weer ik denn ok an de Reeg, as Katechumene, as Vörkunfermand. Us Pastoor harr sik för dat Johr ganz wat Besünners utdacht. De Hauptpersonen weern ditmal nich Josef, Maria un dat Jesuskind, nee, de Hauptpersonen weern de dree Weisen ut dat Morgenland. En Veerpersonenstück. Jürgen harr de Rull ahn Text, he weer de Steern, de de Weisen den Weg wiesen deit, Hans-Wilhelm schull den Melchior geven, Balthasar, dat weer de Rull von Heinzi un ik schull den Caspar spelen. As dat rut weer, fungen de annern glieks an to lachen. Wat is dor denn so spaaßig an? De Pastoor wurd böös: Ik kann de Rullen ok noch umbesetten. Do weern se still. Denn nehm he mi to Siet: Gerd, äh, de Caspar, dat is de Afrikaner von de dree. Wat? Avers ik bün ja gor nich … Maakt nix, dien Mudder kriggt dat al hen.
Un Mudder, de domals nich wuss, dat vandagen sowat Blackfacing heet, de hett dat henkregen. Se hett mi an`n Hilligen Avend Klock dree dat Gesicht un de Hannen dick mit Nivea-Creem insmeert. So dick, dat dat nich intrecken dee. Ik segg ut as en Iesbär. Un denn hett se ut de Köök

so`n blaurot Paket haalt, dor stund up: Bendsdorp Kakao. Twee Löpel von dissen Bendorp Kakao hett in so'n Kaffeesieb daan. Ik muss mi henleggen, de Ogen dichtmaken un denn hett Mudder den Kakao so suutje up mien Gesicht verdeelt. Teihn Minuten later seeg ik ut as'n Teddybär.
As wi denn lostrocken sünd, dor füng disse Nivea-Kakao-Smeerkroom an to jöken. Un ik heff mi kratzt. Nu harr ik in't Gesicht so witte Striepens. Ik seeg so ut as en Zebra.
Lang hett de Wiehnachtsgemeende dat Krippenspill nich soveel Spaaß maakt as dat Johr. Miene eerste tragende Rolle.
Avers wat meent ji, wat för en Kleihkraam dat weer, disse Nivea-Kakao-Smeer wedder aftokriegen. Mit Seep weer dor nich bittokamen. Mien Mudder hett dat toletzt mit en stump Kökenmest afkratzen musst. Schöne Bescherung!
Un wenn ik nu in de Wiehnachtstiet övern Jungfernstieg lopen do un seh dat Nivea-Huus … dat jöökt jümmers noch!

De Utstüür, de Kuffer un de bunte Teller

Ik kann dat ja nich mehr hröörn, vonwegen: Fröher weer allens beter un Wiehnachten is ok nich mehr dat, wat't mal weer. Geiht mi up de Nerven. Kann ik nich utstahn. Man, ik mööt togeven, dat mien Kinner anner Vörstellungen von Weihnachten hefft as ik. För us weer fröher Wiehnachten vör all en Överraschungsfest. Wi wussen nich, wat Vadder un Mudder sik för Geschenken utdacht harrn. Dat bleev spannend bit toletzt. Krieg ik nu miene elektrische Iesenbohn oder krieg ik se nich? Ik harr se mi so wünscht un kreeg – en Holtiesenbohn. En Jung mit 5 Johr will doch nich mehr mit'n Holtiesenbohn spelen.
Ganz slimm weern ja ok disse sonöömten „nützlichen Geschenken" von de Verwandtschup. Mien Süster kreeg vonaf ehrn twölften Geburstdag von ehr Patentante wat för de Ut-

stüür. Ehr Patentante weer meist 50 Johr öller as mien Süster – un dor weer ok ehr Gesmack na. Bettwäsch – altweiß – mit so ingeweevte Quadrate un Matt/Glanz-Effekt. Damast. Schwere Qualität. Hett mien Tante sik jümmers kamen laten – von Witt-Weiden! Ik heff to mien Süster seggt: Freu di man nu al up diene Hochtietsnacht ünner de sware Qualität von Witt-Weiden. Schall dien Ehe woll lang um hooln. Ehr Patentante hett ehr ok Besteck schunken. Ok för de Utstüür. Sülver. Mesten, de Kling so lang, dor kunnst du en Swien mit afsteken, avers keen Swiensbraden mit eten. Bi de Gabeln weern de Tinnen so lang as mien Wiesfinger un de Pann, de Laffe, von de Zoppenlöpels, de weern so groot, wenn du dissen Löpel in dien Mund schaven hest, büst du achtern bi dat Zäpfchen anstött. Un wat dat mit sik bringen deit, dat mööt ik di ja woll nich vertellen. Un denn leep dat Sülverbesteck ja mit de Tiet ok an. Egens harr mien Süster dor eenmal in't Johr mit Polyboy ranmusst.
Un denn kreeg mien Süster ok Geschirr! Hutschenreuther Baronesse – düür, as man wat. Un hässlich as man wat. Alleen al disse mannshoge Koffeekann. Wenn ik de seh, denn mööt ik jümmers an so franzöösche Filme

denken, de bi rieke Lüüd speelt. Dor sitt dat Ehepaar in ehr Eetzimmer an en langen Disch, he up ene Siet, se acht Meter wieder, up de anner Siet. Se eet von Hutschenreuter Tellers, eet mit socke abasig groden Mesten un Gobeln un hefft kiene Kinner. Nee, de slaapt ja ok ünner sware Damastbettwäsch von Witt-Weiden. Wo schöölt dor denn Kinner bi herkamen? As mien Süster heiraat hett, geev dat ja leider noch kien Ebay. Harr man dor seker wunnerbar verschüürn kunnt. Gifft ja för allens Leevhebber. Ok för Damast un Hutschenreuter.
Ik harr ok en Patentant, de ok up praktisch stund. Von de kreeg ik dreemal achternanner to Wiehnachten en kunstleddern Schrievmapp to'n Afsluten. As ik mi nich recht freuen wull, hett se so up dat Slott wiest un knippoogt. Oha, dat weer ja al meist unanständig. Wat schull ik dor mit anfangen? Gor nix. Un denn, as ik 15 weer, geev dat to Wiehnachten en Kuffer. Anthrazit. Ja, sowat will een hebben, wenn een 15 is. En anthrazitfarben Kuffer. Nich ut Ledder. Nee, Pappe verstärkt. As ik dat sä: De is ja gor nich ut Ledder, dor hett mien Tant den Kuffer vör mi henstellt un hett dor dreemal mit'n Foot gegen pett. Wat meenst du, wat de uthöllt. Hier. Un

nochmal gegenpett. De geiht nich twei. Wenn du in'n Sommer en Klassenreise maken deist, denn warst du mi dor noch dankbar för ween. De is durabel, dat glööv man. Un nochmal gegenpett. Pappe verstärkt. Un denn keem noch dat Gröttste. De Kuffer weer recht wat düür, hett se seggt, de is dorum al glieks för dien Geburtsdag mit. Wuss ik doch tomindst, dat ik nich noch en Schrievmapp to'n Aflsuten un Knippogen kriegen dee. Avers as denn mien 16. Geburtsdag keem, dor wull se denn doch nich mit leddige Hannen kamen, mien Patentant, un hett mi en Krawattennadel schunken. 1968 krieg ik en Krawattennodel! Ik wull en Parka hebben, avers kien Krawattennadel.

Dat all is lang her, man wo Wiehnachten nu aflöppt, dat is ok gediegen. Höörn fröher ja to Wiehnachten de Överraschungen dor fast mit to, denn willt de Kinner vondagen up kienen Fall mehr överrascht warrn. Miene Kinner schickt mi nich eenfach mehr ehr Wuschlist röver, nee, ik krieg blots noch links. Verbindungen in't Internet. Dat ok jo nix verkehrt löppt. Ja, bi de Schenkeree vondagen sünd de Öllern de gröttste Riskofaktor. De Versandhüüs verseht sik nich, löppt ja allens elektronisch, avers Öllern vertippt sik an'n Computer. Un dat weer ja de Gau, wenn Vadder to Wiehnachten sülvst up Shoppingtour geiht un natürlich prompt dat Verkehrte bestellt. Mien Jung, de will ja vör al so elektronischen Kraam för sien Computer hebben. Un wat dat angeiht, dor höllt he mi ja woll för en Dussel. Un dorum hett he mi vörslaan, he kunn dat ja för mi bestellen, lett dat denn an use Adress schicken, wi packt dat vörsichtig ut'n Karton ut un slaat dat just so vörsichtig in Geschenkpapier in, betahlt natürlich de Reken, de dor bi liggt, un denn packt wi dat dubbelt vörsichtig ünnern Wiehnachtsboom. O du fröhliche. Ja, ja, so löppt dat vondagen af.

Avers dat slimmste weer ja fröher all Johr wedder de Kampf um den bunten Teller. All Johr wedder hefft wi us ok en groden bunten Teller wünscht. En groden Porzellanteller vull mit Schokolaad, mit Marzipan un mit Geleekringel. Doch wat kregen wi: en Pappteller mit en paar von dissen harten Schokoladenkringels mit de bunten Perlen – giftt't ok jümmers noch to'n Kinner argern. Un denn leeg up usen bunten Teller ok jümmers en grode Appelsin. De weer so groot, dat dor anners meist nix mehr rupgüng. Un denn Nööt. Wat hefft Nööt up'n bunten

Teller to söken? Nix! Un denn dat Wichtigste: Ingepackte halvdröge Fiegen. Gifft dat ok noch jümmers, halvdröge Fiegen. Alleen al dit rottige Plastikpapier, in dat de inpackt weern un denn backsen de Fiegen ja fast an'nanner un leten sik blots mit Gewalt ut'nanner pulen. Mit'n Stemmiesen! Un wenn du dor rinbieten deest, denn kreegst du de ja nich mehr von de Tähnen af. Un de Fingers kleven ok noch bit to'n drüdden Wiehnachtsdag!
Disse Fiegen gifft't ja ok jümmers noch, un ik heff to Wiehnachten ok alltiet noch fief von disse lüttjen Paketen to Huus, fein in Geschenkpapier inpackt. Nich för mien Kinner. Avers wenn över de Festdoog Besöök kümmt un de mi denn vullnöhlt von wegen: Meenst du nich ok, dat fröher Wiehnachten veel mooier un besinnlicher weer as hüütigendaags, denn segg ik, ja, dat finn ik ok, un dat du dat ok nich vergeten deist, dorüm heff ik en lütt Geschenk för di: ingepackte halvdröge Fiegen. Un wenn du de eten wullt, denn vergeet dat Stemmiesen nich!

Krullkoken

(för Anni B.)

De Wiehnachtstiet, dat weer för mi as Kind vör all de Krullkokentiet. Krullkoken, de heet annerwegens Hörnchen, avers bi us in de Wersermarsch sünd dat Krullkoken.
As lütten Jung bün ik dor ok jümmers mit bi ween, wenn Mudder den Krullkokendeeg anröhren dee mit den brunen Zucker un de Botter, denn de Eier un dat Mehl. Annern Dag denn den Anis, ’n beten Zimt un toletzt nehm Mudder noch den Rumbuddel ut’t Schapp un goot dor twee Glöös von rin. Nu endlich kreeg se dat ole Krullkokeniesen her. Dat dat kloor is: dat is kien Waffeliesen. Krullkoken sünd millimeterdünn. Mit’n groden Löpel hett se den Deeg up dat Iesen gaten – un ik druff dat nu dichtklappen – hufff- un sachten daaldrücken. Na’n Minuut oder so keek Mudder na, of de Koken al bruun weer, un denn muss dat gau gahn. Mit’n Gavel wurd nu de platte Koken

von't lesen nahmen, wo faken heff ik mi mien lüttjen Finger dor an verbrennt un denn wurd de uprullt. Dorum heet de Krullkoken, wiel krullen fröher rullen bedüden dee. Avers ik rull ja jümmers noch mienen eersten Krullkoken up, un will den upeten, doch wo lang hett dat duurt, bit de endlich afköhlt weer — un endlich: Hhmmh. De weer lecker. Avers denn weer dat ut mit dat Probeern. All de Krullkoken, de nu backt worrn sünd, de kemen in een ole Melkkann rin un de Deckel wurd bit na ünnen daaldrückt, dicht, luftdicht. Denn bleven de fein krosch bit Wiehnachten. Un disse Melkkann keem in de Spieskamer. Sowat harrn wi ja domals noch. Dor weern se seker, hett Mudder meent.

Ja, un denn keem Wiehnachten, un ik druff de Melkkann von de Spieskamer haaln, avers wat weer passeert? De Deckel, de Deckel, de leeg dor blots noch op. Un de schönen Krullkoken weern nich mehr krosch, de weern slapp un week un laff un pappig un smecken bäh! Un mien Mudder weer vergrellt un harr natürlich mi in'n Verdacht. Avers ik bün dat nich ween, dat weer bestimmt mien Opa, denn em weer dat egal, of de Krullkoken krosch oder week weern. De hett se wegen sien Tähnen sounso jümmers in sienen Koffee instippt.

Nikolaus oder Wiehnachtsmann?

Ik heff ja johrenlang in den Kinnergoorn bi us um de Eck den Nikolaus speelt. Jümmers an'n 6. Dezember morgens Klock acht bün ik stiekum dör de Achterdöör ringahn un heff mi in de Wäschekamer sleken. Dor hung al mien roden Mantel, de witte Baart un de Sack mit Nööt, Appeln un Mandarinen. Nu also fix rin in de Plünnen un denn in den groden Saal, wo de Kinner al up mi töövt hefft. Toeerst hefft se för mi sungen: *Schneeflöckchen, Weißröckchen ...*
Ok, wenn wi buten noch 12 Graad harrn. Denn avers wurd dat richtig spannend. De Kinner kemen un hefft mi ehr Gedichten upseggt. As eersten keem Tim:
Lieber guter Weihnachtsmann, schau mich nicht so böse an...
Ik sä, Tim, nu pass mal up. Ik bün nich de Wiehnachtsmann, ik bün de gode Nikolaus...

Stecke deine Rute ein, will auch immer artig sein.
Ik sä: Tim. Sühst du bi mi en Rute, en Stock? Nee, de sühst du nich, denn ik bün de Nikolaus, ik kaam ut Griechenland.
Krieg ik nu 'n Appel?
O Mann! Na, goot Tim, grjep hier in mienen Sack. Nu keem Jessica.
Wiehnachtsmann, kiek mi an...
Jessica, ik bün nich de Wiehnachtsmann, ik bün de hillige Nikolaus.
Lüttje Deern, de bün ik man.
Jessica, de Nikolaus hett al veel Minschen hulpen...
Veel to seggen, weet ik nich, Wiehnachtsmann, vergeet mi nich.
Kann ik 'n Mandarine kriegen?
Ja, is goot, hier hest 'n Mandarine.
As letzten keem nu Florian.
Kiek is, wat is de Himmel so root...
Nee, dat nich ok noch.
... dat sünd, de lütten Engels, de backt dat Broot.
De backt den Wiehnachtsmann sien Stuten...
Ja, ik weet, för all de lüttjen Leckersnuten. Florian, ik bün nich de Wiehnachtsmann. Ik bün de hillige gode Nikolaus. Den Wiehnachtsmann, den gifft dat eerst siet 70 Johr. Ik bün al 700 Johr oolt.

Dat mark ik.

Wat? Wo markst du dat an?

Du hest blots Appeln un Nööt un sowat.

Is dat denn nix?

Ik bruuk avers 'n iPhone, un dat hett blots de Wiehnachtsmann.

De Wiehnachtsmannopa

Fröher keem ja bi us een paar Johr an'n Hilligen Avend de Wiehnachtsmann. Dat weer Naver Bartels, Unkel Hannes, as wi säen. De harr sik twaars as een echten Wiehnachtsmann verkleedt, so mit roden Mantel, witten Baart un so, avers he harr so'n hoge Stimm: Na, Gerd, wullt du mi nich een lütt Gedicht opseggen? Kloor, heff ik enmal seggt, dat is avers dat sülvige as letzt Johr, Unkel Hannes. Un denn hett Mudder mi ene langt un Wiehnachten weer vörbi.
Vondagen is ja anners. Dat gifft ja so Wiehnachtsmannagenturen mit Wiehnachtsmannprofis, de ja an'n Hilligen Avend bit to teihn Familien beschert. So een wull miene Dochder letzt Johr ok hebben, man se keem to laat: all Wiehnachtsmänner weer al vergeven. Un miene Enkelkinner harrn sik dor al so up freut. Kloor, ji ahnt, wat nu keem: all hefft se mi ankeken. Nu

bün ik ja, wat dat Wiehnachtsmannspelen angeiht, en echten Profi. Acht Johr heff ik in den Kinnergoorn von miene Kinner den Wiehnachtsmann geven. Un nich eenmal hefft miene egen Kinner mi kennt. Wiel ik ja een Profi bün. Also heff ik den roden Mantel un den witten Boort nochmal ut'n Keller haalt, mien Fro hett mi Rouge upleggt un de Ogenbroon dick swatt natrocken – ik keek in'n Spegel un harr mi meist sülvst nich kennt. Un denn heff ik mi noch een depe Wiehnachtsmannstimm toleggt – kann losgahn.

Mien Dochder harr den Sack mit de Geschenken in'n Fahrradschuppen verstaut un bobenup leeg noch een lütten Zedel, den ik vörlesen schull. Ik keek dor up: dat lütte Sündenregister von de Enkelkinner. Dat will ik woll henkriegen. Also, rup mit den Sack up den Buckel un denn echt wiehnachtsmannmäßig an de Döör bummert. Un dor kemen se ok al anlopen, miene beiden Enkelkinner, veer un söß Johr oolt. De Wiehnachtsmann, de Wiehnachtsmann!! Un ik sä: Jo, ik bün de Wiehnachtsmann. Un denn rin in de gode Stuuv. De grode Lehnstohl stünd al för mi praat, un nu kunn't ja losgahn. De beiden Kinner stunnen mit grode Ogen vör mi un keken natürlich blots up den Sack. Na, pass up. Vör wi to de Geschenken kaamt, mööt ik jo avers doch eerst noch wat seggen, wat Eernsthaftigs. Un denn heff ik den Jung ankeken. Büst di jümmers aartig ween letzt Johr? Jo, kloor, Wiehnachtsmann. So? Un wo faken hest du dien Schoolarbeiten nich maakt? Na? 14 Mal! Un wat is mit dien Fahrrad? Du harrst doch verspraken, dat all veer Weken to putzen. Nich eenmol hest du dat daan. Un mit wecke Schoh schasst du *nich* Football spelen? Mit de Wildledderschoh. Wullt du di tokamen Johr betern? Jo, Wiehnachtsmann. Na, dat hett ja seten. Tja, Wiehnachtsmann spelen, dat liggt mi in't Bloot. Nu heff ik mi de Deern vörnahmen. Un du, büst du denn aartig ween letzt Johr? Natürlich, un nu man her mit de Geschenken. Na, na, na. Nu mal sinng, mien Deern. Wat weer dat för een Geschicht mit de Filzstiften, de du dien Broder wegnahmen hest? Ik wull doch een Bild för mien Opa to'n Geburtsdag malen. Denn is dat doch nich Wegnehmen, denn is dat Notwehr. Aha. Un worüm lettst du jümmers dien Speeltüüg buten up'n Rasen liggen un haalst dat avends nich rin? Pff, sä se blots. Is doch all ut Plastik. Dat maakt nix. Un nu to den gröttsten

Arger: dien Zimmer. Dat süht ja jümmers ut, as weer dor een Tornado dörgahn. Wat seggst du dor denn to? De Deern keek mi avers blots ganz frech an: Segg mal, woher weeßt du dat allens? Och, sä ik, ik weer ja woll nich dien Opa, wenn ik dat nich ... wüss …

Moin Wiehnachten!

Wo sik Lü so de Tiet mit verdrievt, dor is ja ok dat Ennen von af. Nu hefft se to'n Bispill en Umfraag maakt un de Minschen in Düütschland fraagt, wat se seggt, wenn se sik en schöön Wiehnachtsfest wünschen doot.
De mehrsten Minschen wünscht sik „Fröhliche Weihnachten". Ja, dor möößt du eerstmal up kamen. Een Drüddel seggt dat. Denn wünscht sik 17 % en „gesegnetes Fest". Un an de drüdde Stee kümmt en "frohes Fest". 16%. Denn kennt wi noch besinnliche Tage un erholsame Tage un schöne Festtage un toletzt Merry Christmas. Dat schrievt blots noch veer Perzent in ehre Wiehnachtskoorten.
De Plattdüütschen hefft se natürlich nich fraagt. Wat seggt wi denn so?
Tomeist höört een doch ok sowat as „Schöne Wiehnachten" oder "Mooie Wiehnachten" oder

„Scheune Wiehnachtsdaag". Fröhliche Wiehnachten, dat hööert een natürlich ok. Avers de Hamborgers, de seggt: Ik graleer ok to Wiehnachten. As ik dat to'n eersten mal hööert heff, dor heff ik dacht, de Keerl will mit utzen. Avers as denn en lütte Deern mi so'n Schokoladenwiehnachtsmann in de Hand drücken dee un sä: Ik wull geern to Wiehnachten graleern – dor weer ik övertüügt. Man egens mussen wi Plattdüütschen doch en Woort, enen Snack hebben, de överall verstahn ward. Un twars so een, de nich bi de Hoochdüütschen afkeken is as Schöne Wiehnachten un so. Un dorüm sla ik vör, dat wi von nu af an seggt: Moin Wiehnachten! Kümmst du bi Verwandten oder Frünnen to Besöök, denn röppst du glieks: Moin Wiehnachten. Is doch praktisch, wiel dor dat Begröten foors mit in is. Du seggst Goden Dag un wünscht Frohe Wiehnachten to glieker Tiet. Is doch eenmal praktisch. Dat ward sik gau dörsetten, un wenn se tokamen Johr wedder en Umfraag maken doot, denn bringt wi dat in'n Noorden bestimmt up 50-60 Perzent. Also markt jo dat. Dat heet von nu af an: Moin Wiehnachten.

Wiehnachten fallt ut

As mien Jung noch wat lütter weer, dor heff ik em in de Weken vör dat grode Fest jümmers so'n beten targt. He sammel jo to Wiehnachten all de Prospekten, de jedeen Dag in de Zeitung liggt, un dor hett he denn sein Wunschzettel ut tosomenstellt – mit Bestellnummern un so, dat wi ok man jo genau wussen, wat he hebben wull. Un wenn he denn dor so an't Schrieven weer, denn heff ik so seggt: Dat kannst di spaarn, mien Jung, Wiehnachten fallt dit Johr ut. Dat Gesicht harrn ji sehn musst. De Ünnerlipp full em daal, un he weer meist kort vör't Blarren. Ik weet, dat is nich schöön, dat deit een as goden Vadder nich. Soveel mehr hett he sik denn freut, dat he to Wiehnachten denn doch sien Computerspele kregen hett. Un för mi harr he natürlich ok een Geschenk: een holten Breeföffner, den he in de School trechtklütert harr.

Neegst Johr, he sitt dor wedder mit sien Prospekten un bookstabeert de Naams von all dat elektronisch Tüügs tosamen, segg ik wedder so ganz nebenbi: De Schrieveree is vergeevs, Wiehnachten fallt ut.

Dat hest du letzt Johr ok seggt un denn heff ik doch miene Spele kregen.

Ja, nu hefft wi avers den Euro un dat weeßt du ja, nu is allens veel dürer worrn. Ik seh swart för Wiehnachten.

Un denn heff ik in sien Ogen sehn, dat he sik nich ganz seker weer. Meent Gerd nu so, as he dat seggt oder will he mi blots argern? Na ja, Wiehnachten is denn doch nich utfullen, un ik heff von em een wunnerschöön Bild kregen: use Huus in't Wiehnachtssnee.

Neegst Johr datsülvige Spill. He studeert de Prospekten un schrifft de Bestellnummern rut un ik wedder: Wiehnachten fallt dit Johr wohrhaftig ut.

Och, du flunkerst mi doch blots wat vör.

Ik segg: Nee. Wi willt us tokamen Vörjohr een neet Auto kopen. Dat Geld is weg, mien Jung.

Dat hett seten. Oha.

Un denn keem Wiehnachtenavend – ünnern Dannenboom legen de Geschenken, un ik heff

sehn, wo överrascht he weer, as he de utpacken dee un doch meist allens fund, wat he sik wünscht harr.
Nu weer ik ja gespannt, wat he denn woll för mi harr. Un wohrhaftig, he keem mit een Breefumslag vördag. Na, wat dat woll is? lck riet em open un finn een lütt Stück Papier mit den Satz: Leve Gerd, för Di fallt dit Johr Wiehnachten ut.

De dösige Schenkeree

Hefft ji wusst, dat Froonslüüd dat ganze Johr dor över nadenkt, wat se ehrn Keerl woll to Wiehnachten schenken kunnen. Dat ganze Johr! De fangt also glieks in't neje Johr al mit dat Nadenken an. De surft dör't Internet, studeert de Prospekten un Katalogen un köönt sik nienich so recht fastleggen. Bi toletzt quäält se sik. De mehrsten Mannslüüd dorgegen quäält sik nich, denn se weet al, wat se ehr Fro schenken doot: Datsülvige as vörig Johr. Mannslüüd sünd ja jümmers bang, dat se wat verkehrt maakt. Un wenn se een Johr mit Parföng kien Arger kregen hefft, denn gaht se anner Johr up Nummer seker un koopt wedder Parföng.
Doch de Froonslüüd quäält sik, denn se willt partout originell ween. Den Mann to beschenken, dat heet, em to överraschen. De Mann schall dat Geschenk in de Hand nehmen un sik fragen: Wat

mag dor woll in ween? Wat hett mien Fro dit Johr woll för mi utsöcht? Un wenn he dat Geschenk denn utpackt hett, denn schall he sik seggen: Mien Fro, de mööt mi ja ganz dull leev hebben, dat se just up so en utgefullen Geschenk för mi kamen is. Doch so denkt wi Mannslüüd nich. Wi Mannslüüd, wi willt to Wiehnachten nich överrascht warrn. Schenkt us en Buddel Wien von de Soort, de wi an'n leefsten drinken doot. Dat maakt us grode Freud. Avers dat is för jo ja kien Wiehnachten. För us ja. Wi willt ja ok use Froonslüüd nich överraschen. Wiehnachten is för us Mannslüüd en Plicht, dor mööt een dör. Un dorüm gaht wi up Nummer seker un blievt bi Parföng.

Mien Fro un ik, wi sünd ja al över 40 Johr verheiraat. Köönt ji jo vörstellen, woveel Parfönbuddels de al hett? Un dorüm hefft wi beslaten: Aus! Wi schenkt us nix mehr. Wi hefft ja al genoog dor mit to doon, dat wi all de Geschenken för de Kinner, de Swegeröllern, mien Süster, för de ehr Kinner, för Tant Else un Unkel Emil finnen doot – un denn willt wi us ja nich noch afeseln un söken en Geschenk för us sülvst, also gegensiedig – ahn Parföng ut. Ik heff to mien Fro seggt:

Wi bruukt doch nich Wiehnachten, dat wi us mal en Freud maken doot. Lever mal wat Schööns so nebenbi, unverhofft kommt oft, dat kennst du doch.

Wat kenn ik?

Na, dat ik di mal so unverhofft mit en lütt Präsent överrascht heff.

Kann ik mi nich up besinnen.

Nu höör avers mal up. Also to Wiehnachten – nix!

Hmmh.

Se hett hmmh seggt. Wat dat woll to bedüden hett? Ik kann mi dat al denken. Se geiht nu doch hen un söcht en Wiehnachtsgeschenk för mi ut – un denn kümmt Wiehnachtenavend un wenn de Kinner all ehr Geschenken utpackt hefft, denn kümmt se mit en lütt Paket vör Dag – un ik heff nix. Wo stah ik denn dor – mit nix in de Hand? Peinlich! Mööt ik also doch los un wat utsöken. Avers kien Parföng. Kann ok ween, se höllt sik an de Afspraak un schenkt mi nix, denn heff ik wat – un wo steiht se denn dor? Ok peinlich. An'n besten is, ik koop ehr wat un tööv af. Ja, Wiehnachten bün ik knallhart:

Hett se wat, kriggt se wat, hett se nix, kriggt se nix! Doch wat maak ik denn mit dat Geschenk? Kloor, wegleggen un ehr denn bi en anner Gelegenheit dor mit överraschen. To'n Geburtsdag. Doch mien Fro hett in'n März Geburtsdag. Also mööt dat en Multifunktionsgeschenk ween, een, dat jümmers passen deit. Hhmh, viellicht en Book? Nee, dat is denn ja al oolt. En CD? Nee, de köfft se sik al sülvst, wenn se de hebben will. Ah, ik heff't:

Mien Fro kriggt en Hochentaster. Hochentaster! Kennt ji nich? Dat is en Warktüüg, wo du de Bööm in 'n Goorn ganz komodig mit ustagen kannst. Bit nu heff ik dat jümmers maakt. Ledder ran an'n Boom un denn utsaagt. En Quaal. Un nich ungefährlich. Un dorüm heff ik dat … af un an ok vergeten, un dat geev natürlich Arger. Dat is nu vörbi. Mit dissen nejen bit to 4 Meter langen Hochentaster kann se dat sülvst doon. Sülvst! Disse Hochentaster, de is nich blots praktisch, nee, de is ok en echten Bidrag to de Emanzipation von de Fro. Weeßt Bescheed!

Anner Lü to beschenken, vör all de egen Fro, dat is ja al en Last, dat kann ja sogor en Quaal ween, man för di sülvst wat to finnen, dat is de Höll. Nee, dat dat kloor is, ik beschenk mi natür!ich nich sülvst, man mien Kinner, de fraagt mi ja al Weken för't Fest, wo se mi denn to Wiehnachten en Freud mit maken kunnen. Dor sitt ik mit fast.

Dat mutt avers wat ween, wo du di ok echt to freun deist, seggt mien Kinner. Un originell mutt dat ween, also nich Wien, Book, Slips un Socken. Un to düür dröff dat leider ok nich ween. Weeßt doch „Großfamilie". Also, ik bruuk ja nödig för mien Warkstee en nejen Hamer, de ole is up. Hamer kümmt nich in Fraag, seggt mien Kinner. Wiehnachten un Hamer, geiht gor nich. Denn en schönen Kugelschriever. Hest du letzt Johr eerst kregen. Hmmh, wo weer't denn mit'n Koffeebeker mit Hamborg-Motiv. Ach, de ole Beker is di woll tweifullen. Wi sünd doch nich dien Eratzdeellager. Denn wünsch ik mi de CD von de Beatles mit de olen Live-Upnahmen ut de fröhen 60er Johren. Avers du büst doch Rolling-Stones-Fan! Ja, dat stimmt, avers disse CD, de schall ja so goot ween, dat ik up miene olen Daag viellicht doch noch miene Vörurdele överwinnen kunn un denn weer dat ja dat perfekte Wiehnachtsgeschenk. Miene Kinner keken sik an. Prima, Gerd, du schallst de CD hebben un den Hamer noch babento. För alle Fälle. Wenn di de CD doch nich gefallt.
En Hamer un en Hochentaster to Wiehnachten – mehr geiht nich!

Gebruukte Wiehnacht

Rudl Kinau hett ja geern sien Geschicht von den brunen Schimmel vertellt, weeßt doch, dat Holtpeerd, dat all Johr to Wiehnachten repareert un neet anstreken wurd un denn von enen Jung up den annern güng. Sowat kümmt nu wedder in Mood. Nich Holtpeer, avers gebruukte Geschenke. Ik meen, gebruukte Saken, de to Wiehnachten verschenkt ward. Ik finn dat en wunnerbare Idee. Ik heff in'n Keller sovele Saken stahn, wo dat Neje ... kloor, dat ganz Neje is dor von af, man dorüm sünd de Saken doch nich slecht. T.B. heff ik noch en 25 Johr olen Fernseher, bunt, is ja kloor, goot, de Ferndienung is weg, man de löppt noch as 'n Een. Kriggt mien Jung. Un en Plattenspeler. Ja, wo wullt du den woll noch kriegen! Ik heff em. Un fief LPs von de Beatles, Stones un Elvis gifft't noch babento. Kriggt de lütte Deern. Dat beste avers is ja de ole Videorekorder. Mit Fernbedienung! Ik heff in't Internet nakeken, wat so en Apparaat vondagen weert is. Dreestellig! Un kloor, ik heff dor ok noch Cassetten to: Raumpatrouille Orion un dree Filme mit Heinz Erhardt. Dat is wat för de grode Deern. Un dat bo ik för Wiehnachten ok all kompleet up: Bescherung live – sotoseggen. Bi't Eten höört wi Elvis, denn kiekt wi Drillinge an Bord, de all Heinz Erhardt sülvst speelt un toletzt bi'n schönen Punsch gifft't noch twee Folgen Orion. Wat mien Kinner seggt, dat weet ik nu al: So'n Wiehnachtsfest hefft wi noch nich hadd.

Wiehnachts-Stress

Wat heff ik nu höört: meist in jede veerte düütsche Familie gifft dat to Wiehnachten Stress! För all de Froonslüüd föhlt sik ünner Druck. Eerstigmal hefft se ja in de meisten Familien dat Geschenkeinkopen övernahmen. Dor sünd veel Mannlüüd ok nich för to bruken. Denn schall ja ok in de Wahnung allens püük un rein ween. Un toletzt dat Eten. Blots dat Allerdüürste un Feinste schall up'n Disch kamen, denn för de Verwandten is dat Beste ja just goot genoog. Un dat allens is Stress.

Nich bi us.

To'n Geschenkeninkopen gaht wi eerst an'n 23sten los. Dat hett den Vördeel, dat veel Saken, de de Kinner so up de List hefft, al lang utverköfft sünd un denn kriegt se use Wiehnachtsuniversalgeschenk: 50 Euro. Dor kannst du nix verkehrt bi maken, dat möößt du na

Wiehnachten nich umtuuschen un vör all spaarst du en Barg Inwickelpapier. So en Schien kümmt rin in en Breefumslag, den Naam dor up — basta. Wenn de Göörn lange Gesichter maakt, denn segg ik: Nu passt mal goot up: Disse 50 Euro sünd an'n 27. Dezember licht 75 Euro weert. Halvmal mehr as nu. Allens ward doch daalsett na Wiehnachten. Disse Schien is en Geschenk mit Towass. So!

Dat Reinmaken von de Wohnung extra to de Festdaag, dat is ja ok total Quatsch. Ik stell Iever överall so Rökerkerzen up. Eerstigmal rüükt de ja so fein na Wiehnachten un dör den Rook is ok de Stoff up't Schapp un up't Vertiko nich so goot to sehn. Un dat Finsterputzen kannst di denn ok spaarn. Nu fehlt noch dat Eten. To Wiehnachten gaht de Gedanken ja geern retour in de Kinnertiet: Weeßt noch fröher, tohuus, as wi noch lütt weern mit Vadder, Mudder, Oma un Opa ... Jo, segg ik denn, domals hett dat ja jümmers Bockwust mit Kartuffelsalat geven.

Ja, mit Mudder ehrn sülvstmaakten Kartuffelsolat. Nüms kunn denn so maken as use Mudder. Stimmt. Un dorüm heff ik dat gor nich eerst versöcht un heff glieks so'n lütten Emmer ut'n

Supermarkt haalt – tohoop mit dree Dösen Bockwust. Goden Aptiet.

So un nu weet ji, worüm Wiehnachts-Stress för us en Fremdwoort is.

Nich vergeten

Nee, nee, nee – ik kann dor nich mehr gegenan, gegen dit … dit ewige „Heff ik vergeten!“. Kortens ok wedder. En paar letzte Saken för Wiehnachten mussen dor noch her: Glöhwien, Bockwust, Spekulaatz. Ja, dat is en aparte Mischung, ik weet, man bi us hōört de dor mit to. As wi von'n Supermarkt wedder tohuus sünd: Bockwust vergeten. Wiehnachten ahn Bockwust, segg mal, geiht't noch? Oder annerletzt an de Tankstee. Tank is vull, kloor, dat weer ja ok woll noch schöner, man wo is dat blaue Schieven-waschwater? Eenfach so an vörbilopen! Nich an dacht. Ik krieg Tostänn, echt wohr. Un denn warr ik ok ungerecht, weet ik. Ik blaff, nee, ik bölk denn mien Fro an: Vergeten, vergeten, vergeten! Grrr. Dat weer doch fröher nich so. Dor hefft wi inköfft – eenfach so, un wi wussen, wat wi bruken deen. Un nu: vergeten! Dit Woort kümmt bi us up de Tabulist. De dat seggt, de mööt … de kriggt … Gerd, seggt mien Fro. Nu bedaar di doch. So slimm is dat doch gor nich. Doch! Noch is nich Wiehnachten, un ik gah geern vonnamiddag nochmal los un koop in. Du schasst den Hilligen Avend doch nich ahn Bockwust fiern.

Dat deist du – för mi?

Kloor. Un denk jümmers dor an, wat Sepp Herberger mal seggt hett: Erst merkt man es selbst, dann merken es auch die anderen, und zuletzt … Hör up!

Tja, Gerd, ok du warst öller. *Dat* schusst du nich vergeten.

Geschenke, Geschenke, Geschenke – un kien Ennen!

Mi langt dat nu avers wohrhaftig. Ik mag nich mehr, un ik will nich mehr! Mien Fro un ik, wi hefft mal so upschreven, wecke Lüüd wi dit Johr to Wiehnachten beschenken willt. De Kinner, dat is ja klar, de kriegt en dick Paket. Use Swegersöhns natürlich ok. Man wo is dat mit de Frünnen von use annern Kinner – nich verheiraat, nich verloovt – de höört dor doch ok mit to. Gaht ja bi us in un ut. Kriegt de just so veel as use Swegersöhns? Kloor, de sünd us just so leev as he, man willt de dat? Willt de al to us Familie mit tohöörn? Is so en Geschenk nich so'n Aarts Erpressung? In so en Fall mööt een ganz vörsichtig ween, sä ik to mien Fro. Ik harr dat domals nich wullt, as wi beiden us just kennenlehrt hefft. Mien Fro keek mi scharp an: Avers den lütten Photoapparaat hest du liekers

geern nahmen. Do stund ja ok al fast, dat wi heiraten deen. Se lach: För di viellicht.
Man wat is denn nu mit all de lütten Opmerksamkeiten, de sik in de Johren so inbörgert hefft? De Zeitungsmann, de Postbüdel, de Müllkutschers un denn natürlich de Kinner ut de Naverschup, de af un an mal mit de Hunnen in'n Park gaht, mööt de ok all en Geschenk kriegen? Un wat is mit Naver Kuddel, de mi bi'n Tapzeern hulpen hett un Naversche Karin, de jümmers de Blomen geten deit, wenn wi in'n Urlaub sünd? Use Patenkinner harr ik meist vergeten, dor hefft wi dree von un denn Tante Olga, de siet fief Johr in en Olenhuus in Bielefeld leeft un de jümmers to Wiehnachten en Blomenstruuß mit Fleurop kriggt, de all luurt up Geschenke, Geschenke, Geschenke.
Mien Fro seggt ja jümmers: Gerd, allens, wat du mit'n Harten giffst, dat kümmt op de een oder anner Wies wedder na di retour.
So?
Denn weet ik ja nu al, wat ik mi to Wiehnachten wünschen kann.
Na?
Dat ik dat noch beleven do!

Besöök to Wiehnachten

Wiehnachten is ja nich blots dat Fest von de Schenkeree, nee, Wiehnachten is ok dat Fest von de Besökeree. Dat speelt sik ja bi us vör all an'n eersten Wiehnachtsdag af. Denn kaamt ja Oma un Opa, mien Süster un mien Fro ehr Süster, all beid mit Anhang, dat is ja al afmaakt, denn de willt ja all de Kinner un Enkelkinner sehn un beschenken, un dat geiht blots an'n Eersten Wiehnachstdag. Denn kööont se all. Doch use Kinner reist von wiether an un dorüm hefft de an'n Eersten Wiehnachtsdag ok al all ehr Terminen, denn de draapt sik an'n Eersten Wiehnachtsdag natürlich mit ehr olen Schoolkamraden. Bi us, dat is ja klor, ok wenn an'n densülvigen Dag Oma un Opa, mien Süster un mien Fro ehr Süster, all beid mit Anhang, dor sünd un all de grode Familie sehn un beschenken willt. Wo kriegt wi dat nu all ünner enen Hoot?

Wi mookt dat so: Klock halv teihn kümmt de eerste Deel von de Schoolkamraden to'n Fröhstück. Halv teihn an'n eersten Wiehnachtsdag, dat mutt gahn. Klock ölben kaamt Oma un Opa, mien Süster, mien Fro ehr Süster mit ehrn Anhang. De eersten Schoolkamraden reist af. Bi us gifft dat nu de normale Hen- un Herschenkeree, denn Middageten un Snackeree. Klock dree rullt de twede Trupp von de Schoolkamraden an. Wi gaht mit Oma un Opa, mien Süster un mien Fro ehr Süster samts Anhang mit de Hunnen in'n Park. Klock veer Koffee un Koken mit all Mann. Kort vör fief reist Oma, Opa, mien Süster un mien Fro ehr Süster un de Anhang wedder af. De Schoolkamraden blievt bit to'n Avendbroot. Denn breckt de jungen Lüüd los – up'n Swutsch, wat beleven.

Un so gegen Klock acht sitt denn mien Fro un ik upmal ganz alleen in de Stuuv. Ganz alleen an'n Eersten Wiehnachtsdag. Schall ik jo wat seggen: Dor freu ik mi nu al up.

Wiehnachts-Freetup

Wiehnachten, dat is ja vör all en Fest, dat von Ritualen leevt. Du kannst ja in jede Familie fragen, wo dat bi ehr so aflöppt un du höörst: Dat hefft Oma un Opa ok al so maakt. Ik kenn dat gor nich anners. Is doch schön so, as dat is. Un dorüm ward dor ok nix an verännert!

Bi us is dat nich anners. Weer dat bit nu nich anners. Siet Johr un Dag al laadt wi an'n 27. Dezember gode Frünnen in, de bi us un mit us de Reste von de dree Wiehnachtsdaag upeten mööt. Dor blifft doch jümmers wat över von den Katuffelsalat, von de Zimtsterne, von den Glöhwien, de Nööt, dat Marzipan, von den Gröönkohl, den Aquavit, de Schokolaad, de suurn Gurken, den Rökerlachs, den Klöben, de Mettwust, de Spekulaatz un von den Kees. Dat heet bi us „Wiehnachts-Freetup“. Allens, wat

över is, dat kümmt up'n Disch un denn heet dat: Scheune Wiehnachten! Putz weg!
Dat hett jümmers klappt. All Johr kemen bi us an'n 27. Dezember freet- un suupwillige Minschen in't Huus to'n Wiehnachts-Freetup. Dit Johr is dat erste Mal, dat wi dor woll mit to Schiet kaamt. Wohrschienlich. Denn dor kannst natürlich nich jichensen för inladen. So'n Wiehnachts-Freetup, den möößt du dörhooln, dat is nix för willensswacke Bangbüxen, de Angst um ehr Figur hefft.
Tja, un dorüm heff ik güstern mien Handy ruthaalt un heff in de lange Telefonlist keken un överleggt, wen wi woll dit Johr to us traditionellen Wiehnachts-Freetup inladen kunnen. Ik sä to mien Fro: Wo weer't mit Jürgen un Annegret …
Nee, röppt mien Fro ut de Köök, *de weern eerst vör dree Johr dor.*
Oh ja, stimmt, de hefft sik de Marzipannkartuffeln un den Lachs jümmers ünner de Maske rinschaven. Corona-Wiehnachten!
Ja. Eerst as dat all wedder rutwull, hefft se de afnahmen.
Denn kunnen wi doch Robert un Gisela inladen. Robert mag doch so geern Bockwust mit Kartuffelsalat.

Dat ward ok nix, seggt mien Fro, *de leevt ja nu vegetarisch.*
Beide?
Jupp!
Kien Problem, Aquavit is vegetarisch. Un sure Gurken ok. Hau rin un denn sünd wi de ok al gegen Klock negen wedder los.
Stimmt, seggt mien Fro, *man wo blievt wi mit all dat Marzipan, de Mettwust, den Kartuffelsalat ...*
Ja, goot, Robert un Gisela blievt tohuus. Denn Manuela un Schorsch.
Geiht ok nich. Bi Manuela mööt allens laktosefrei ween un Schorsch hett dat Supen upgeven.
Mannomann. Dat Schicksaal kann hart ween. Bi Laktoseintoleranz möößt du verzichten, dat verlangt ja dien Körper …
So, seggt mien Fro, un bi 't Supen nich?
Na ja, dat mööt een ja nich.
Nee, een mööt nich supen.
Ik meen, up dat Supen mööt een nich verzichten. Dat kann man doon. Mööt een avers nich.
Ja, verböög du di man, seggt mien Fro, *avers recht hest du, socke laktosefree'e Antialkoholikers sünd Spaaßbremsen, un de willt wi nich in 'n Huus hebben.*
Wo weer't denn mit Wilfried un Edeltraut?

Edeltraut verdräggt kien Gluten un Wilfried kien Nööt.

De is algerisch gegen Nööt? Sowat schull een polizeilich verbeden!

Tja, wat wullt du socke armen Minschen denn vörsetten? seggt mien Fro.

Kartuffelsalat is doch glutenfree, oder nich? Un in'n Gröönkohl, dor sünd kien Nööt in.

Dat segg nich. Stund nich up dat Glas: Kann Spuren von Erdnüssen und Senfsaat enthalten.

Dat mööt wi doch nich seggen.

Un wenn Wilfried hier bi us in de Stuuv so'n allergischen Schock kriggt?

Hett de't nich ok so in'n Rüüch?

Stimmt. Denn kümmt de na sien Schock ja gor nich mehr hooch.

Dat will ik nich beleven, seggt mien Fro.

Du kannst goot snacken: Ik mööt em denn doch wedder hoochhelpen.

Wenn em denn noch to helpen is.

Wenn nich, kaamt de Maltersers.

Un Edeltraut mööt denn babento noch salzarm eten.

Wenn de Maltesers kaamt?

Nee ...

Nu begriep ik dat. Dorüm hett Wilfried dat ok so

in'n Rüüch. Salzarm is Gift för'n Rüüch. De Rüüch bruukt Solt.

Quatsch.

Denn mööt Edeltraut even dat ganze Marzipan upeten. Marzipan, dor is wenig Solt in. Un mit Aquavit daalspölen. In Aquavit is ok kien Solt in. Perfekt för salzarme Lüüd.

Dat kannst du vergeten!

Denn Karl-Heinz un Inge.

Inge hett doch siet Johren Arthrose.

Wat heet dat?

So'n Rieten in de Gelenke.

Dat weet ik. Wat hett dat mit usen Wiehnachts-Freetup to doon?

Na, se ett nix mit tierisch Eiweiß.

Du meenst, ok kien Kassler, kien Kookwust un kien Pinkel?

Nee, dien Gröönkohl warst du bi ehr nich los.

Arthrose hett se ok mit Gröönkohl un Pinkel.

Un se hett ok en Zwiebelallergie.

Sowat gifft't doch gor nich.

Pass up. Socke Lüüd kriegt Utslag un dat jöökt överall.

Denn segg ik eenfach, in den Gröönkohl weern kien Zippeln.

De kannst du doch sehen.

Inge mööt vörher de Brill afnehmen.
De hett Kontaktlinsen.
Inge deit mi leed.
Wegen de Kontaktlinsen?
Nee, dat se kien Gröönkohl mehr eten kann. En Leven ahn Gröönkohl – denn kannst‘ di ja man glieks uphangen.
Du kunnst di uphangen.
Do ik avers nich.
Aftöven, seggt mien Fro.

Ik kiek wieder mien Telefonlist dör.
Denn laadt wi even – so as letzt Johr – Henry un Birte in.
De leevt doch gor nich mehr tohoop.
Wat? Worüm dat denn nich?
Na, Henry will ja al siet letzten Sommer vegan leven un Birte versöcht dat Smöken uptogeven ...
Ja, vegan leven un dat Smöken upgeven, dat sünd Beziehungskiller. Dat höllt kiene Ehe ut.
Stimmt, dorüm maakt wi ja ok sowat nich.
Ik kiek mi Fro an: Du, dat ward nix mit usen Wiehnachts-Freetup, dat mark ik al.
Un wo blievt wi nu mit all den leckern Kraam?
Denn laadt wi doch even wedder Jürgen un Annegret in…

Denn roop de avers nu al an!

Worüm dat denn?

In't Hamburger Avendblatt stünd kortens en Artikel: Allergien und Lebensmittelintoleranzen auf dem Vormarsch.

Na und?

Du weeßt doch: Blots wat du kennst, dat kriggst du ok. Un wenn de beiden den Artikel leest, denn hefft se ok batz all disse Allergien un so.

Kien Problem, sä ik to mien Fro, Jürgen un Annegret leest doch de Morgenpost.

Weeßt du wat, Gerd...

Wat weet ik?

...dor kannst du mal wedder sehn...

…wenn een toveel över Wiehnachten nadenken deit…

... kannst du di dor dat ganze schöne Fest total mit verdarven!

Wiehnachten – ganz normol

Thomas:	Du, segg mal, Gerd. Nu, wo du Rentner büst, dor ward Wiehnachten bi jo doch seker ganz besinnlich?
Gerd:	O ja. Ganz besinnlich.
Thomas:	Du wullt doch nich seggen, dat ji Wiehnachten alleen sünd. Dat is doch nix. Bi jo kümmt doch seker ok mal Besöök?
Gerd:	Och ja, de een oder anner schall woll kamen.
Thomas:	Un denn gifft ok woll ornlich wat to eten un to drinken, oder?
Gerd:	Ganz harmlos. Hilligen Avend hefft wi ja jümmers de Kinner un Enkelkinner, denn gifft dat Bockwust mit Kartuffelsalat, so as sik dat höört. Un dor en drögen Wittwien to.
Thomas:	Un an'n Eersten Wiehnachtsdag?

Gerd: Dat hett ok al Tradition, denn kaamt de Swegeröllern to'n Gröönkohleten, so mit Kaakwust, Kassler un Pinkel. Dor passt blots Sluck un Beer to.

Thomas: Un an'n Tweden Wiehnachtsdag?

Gerd: An'n Tweden Wiehnachtsdag gifft dat Wild, Hirschgoulasch mit Kartuffeln un Rootkohl un dor en goot Glas Rootspoon to. Dat möögt mien Süster un ehr Familie so geern.

Thomas: Un dat weer't denn al mit Wiehnachten?

Gerd: Nee. An'n 27. laadt wi jümmers de Navers in, Kohlrouladen mit Guinness un Whisky.

Thomas: Un denn?

Gerd: An'n 28. willt us en paar ole Kollegen besöken, Lachs mit Swattbroot – un ieskolen Aquavit.

Thomas: Un denn?

Gerd: An'n 29. kümmt mien Swager mit Anhang, Frikadellen un Grog satt.

Thomas: Un denn?

Gerd: An'n 30. luurt wi up Unkel Heinz

un Tant Birgit. Denn gifft dat jümmers Aant. Dor freit de sik nu al up. Sherry vörweg, Beaujolais to de Aant, Cugnac achterher.

Thomas: Tja, un denn is ja ok al Sylvester...

Gerd: Raclette mit Thomas un Elke. Dor schenk ik mienen leckern Chardonnay to ut. Un Klock twölf denn rut up de Straat mit Knalleree un Shampus. Proost Neejohr!

Thomas: Un Neejohr?

Gerd: Dor wull ik di gegen Klock fief to Sekt un Berliners inloden.

Thomas Geern. Avers dien Wiehnachtsgeschenk, dat schasst du nu al hebben.

Gerd: Wat mag dat denn woll ween?

Thomas: Hier, en dubbelte Packung Bullrich – Solt un Alka Selzer, anners översteihst du de besinnlichen Daag nich!

Nehm di wat vör – un hool dat ok dör!

Minschen sünd en gediegen Volk: jümmers nehmt se sik to'n Johrswessel allerhand vör, wat se in't niege Johr allens nich oder just denn maken willt – un hoolt dat nich dör. Resultaat: se kaamt sik slecht vör, se sünd Losers. To'n Bispill mit dat Smöken uptohöörn oder aftonehmen, dat sünd ja al de Klassikers. Worüm doot sik de Minschen dat all Johr wedder an? Ik nehm mi ok jümmers wedder wat vör, man blots noch socke Saken, von de ik mi enigermaten seker bün, dat se ok dörhool. Ik will ja t.B. tokamen Johr kien Swattwuddeln eten, un ok kien Rohmspinaat un kien Melkries. Dat verdrääg ik all nich. Un ik will ok nich mehr soveel Feernsehn kieken, vör all Sendungen as „DSDS" und „Bauer sucht Frau" kaamt mi nich mehr up'n Schirm. Ik heff mi ja fast vörnahmen, dat ik ok in't neegste Johr nich bi facebook mitmaken do. Un ik will ok nich Tietschriften as „Wild und Hund“ un „Mein schöner Garten“ abonneern. Ik bün ja kien Jäger un en Goorn hefft wi ok nich. Man ik will mehr Treppen stiegen. Ja, in us Huus ward in’n Januar de Fahrsthl saneert un denn geiht dat blots noch över de Trepp. Na twee Weken bün ik denn seker al över mien Quantum von’t ole Johr röver. Man de dickste Brocken kümmt noch: Ik will, laat dor kamen wat will, in de neegsten twölf Monaat kien Eierlikör drinken. Heff ik in’t ole Johr nich daan un in dat Johr dor vör ok nich, avers of ik dat nochmal dörhool? Mannonomann, dat niege Johr, dat ward ja spannend!

VIOLA ROSA SEMPER (TEXT)
CHARLOTTE SCHWARZ (FOTO)

IMPOSANTE AUSBLICKE

Dächer, Türme
und beeindruckende Wiener Aussichtspunkte

FALTER VERLAG

ISBN 978-3-85439-723-6

1011 Wien, Marc-Aurel-Straße 9
T: +43/1/536 60-0, F: +43/1/536 60-935
E: bv@falter.at, service@falter.at
W: faltershop.at

Autorinnen: Viola Rosa Semper (Text) und Charlotte Schwarz (Foto)
Lektorat: Helmut Gutbrunner
Umschlagdesign, Grafik, Layout, Bildbearbeitung: Marion Großschädl
Fotos: Charlotte Schwarz
Druck: Florjančič tisk d.o.o., SL 2000 Maribor

FSC
www.fsc.org
MIX
Aus verantwortungs-vollen Quellen
FSC® C106954

Wir haben bei diesem Buch im Sinne der Umwelt
auf die Verpackung mit Plastikfolie verzichtet.

INHALT

Von der Gloriette fällt der Blick über Schloss Schönbrunn hinweg auf die Stadt

VORWORT

Skyline von Wien, Du lebst in mir drinn'.
'S kann kommen, wer will, di macht kaner hin.
Du beruhigst mich und Du bist mir vertraut.
Du bist mächtig, manchmal auch zerbrechlich.
Skyline von Wien, Du bist die schönste Wienerin.

AUS: SKYLINE VON WIEN – 16ER BUAM

Einmal die Vogelperspektive einnehmen, die Dächer der Stadt überblicken oder mit Weitblick das Fernweh stillen. Wien bietet zahlreiche Aussichtspunkte, die Sehnsüchte wecken, einem den Atem rauben und zum Verweilen einladen. Das vorliegende Buch stellt handverlesene Ausflugsziele vor, die uns ein paar Stufen empor oder gar in schwindelerregende Höhen führen. Eines steht dabei immer im Vordergrund: der zauberhafte Blick auf Wien von oben.

Das vorliegende Buch führt ins Zentrum der Stadt, geht auf Tuchfühlung mit den Dächern des ersten Bezirks, leitet aber auch hinaus auf die Hausberge und stellt dabei unbekannte Höhepunkte von Wien vor. Der Wunsch, die Übersicht zu behalten, seine Heimat von oben zu betrachten, die Nase in den Wind zu strecken und den Blick in die Ferne schweifen zu lassen, ist nicht neu. Bereits im 19. Jahrhundert gab es Führungen aufs Dach des Naturhistorischen Museums und Ausflugslokale auf den Wiener Hausbergen. Im 20. Jahrhundert wurden zahlreiche Aussichtswarten gebaut und selbstredend auch das höchste Bauwerk Österreichs, der Wiener Donauturm. Hochhäuser waren nach dem Zweiten Weltkrieg ein Symbol der Moderne, des Wirtschaftsaufschwungs, der Orientierung am Westen. In den letzten Jahren kam es schließlich zu einem regelrechten Boom an Rooftopbars und öffentlichen Dachterrassen, die sich vor allem in lauen Sommernächten großer Beliebtheit erfreuen. Die Dächer historischer wie junger Bauten werden gleichermaßen zur Spielwiese für Nachtschwärmer.

Die folgenden Bilder und Texte erkunden die Stadt aus unterschiedlichen Höhen, sie laden ein, die Perspektive zu wechseln, Bekanntes neu zu entdecken und sich mit Neuem vertraut zu machen. Die ausdrucksstarken Fotos werden dabei durch historische Abrisse, architektonische Hinweise, Geschichten im Zusammenhang mit den Gebäuden und praktische Angaben ergänzt.

Die Entscheidung, welche Dächer, Terrassen, Balkone und Türme ins Buch aufgenommen werden sollten, fiel schwer, und so mussten leider viele beeindruckende Höhepunkte außen vor bleiben. Wir bitten, dies zu entschuldigen, und hoffen, dass unsere Auswahl Ihren Geschmack trifft.

Schließlich möchten wir Sie darum ersuchen, mögliche Ungenauigkeiten, die sich eingeschlichen haben könnten, zu verzeihen. Obwohl die Recherche für dieses Buch nach bestem Wissen und Gewissen durchgeführt wurde, handelt es sich dabei eher um lockere Unterhaltungsliteratur als um Fachlektüre mit wissenschaftlicher Genauigkeit.

Und nun wünschen wir Ihnen viel Freude, Entdeckungsgeist und Spaß beim Erklimmen der imposanten Ausblicke Wiens!

Herzlichst
Viola Rosa Semper und Charlotte Schwarz

Blick vom Donauturm

AUF DEN DÄCHERN DER STADT

Der neue Außenbereich des Wien Museums am Karlsplatz

DÄCHER ZUM ENTDECKEN UND VERWEILEN

Die Aussicht auf die Stadt genießen, die Seele baumeln lassen, die Haare im Wind, das Gesicht der Sonne zugewandt, hoch über den Dächern Wiens einen Spaziergang machen, geführt oder alleine, picknicken oder ein Selfie mit der Skyline der Stadt im Hintergrund – all das ist möglich auf den folgenden Dächern, die das Verweilen oder zumindest einen geführten Aufenthalt ohne Konsumzwang erlauben.

Auf das Dach des Naturhistorischen Museums (S. 18) und die begrünte Dachterrasse des Kunst Hauses (S. 41) kommen Interessierte nur im Rahmen von Führungen. Die Besichtigung der Türme des Stephansdoms (S. 25), der Aussichtsterrasse der Karlskirche (S. 47) und des Daches des Haus des Meeres (S. 69) ist ganz individuell während der Öffnungszeiten möglich, wobei beim Haus des Meeres auch die Option besteht, im Restaurant einzukehren. Ebenso gibt es auf den Dachterrassen der MQ Libelle (S. 62), der Hauptbücherei der Stadt Wien (S. 74), des Wien Museums (S. 50) und des Ikea-Möbelhauses am Wiener Westbahnhof (S. 78) die Möglichkeit, etwas zu konsumieren. Nur für die Aussicht zu kommen, ist aber ebenso erlaubt. Weiters ist die Dachterrasse des Neuen Institutsgebäudes (S. 32) der Universität Wien frei zugänglich. Ein bisschen schwieriger wird es, den Veranstaltungsraum *TUtheSky* im Plus-Energie-Bürohochhaus (S. 55) der Technischen Universität Wien zu besuchen, da dies nur im Rahmen von Veranstaltungen möglich ist. Der Zutritt zum Dach des Hotel Daniel (S. 36) ist ausgewählten Gästen vorbehalten, es ist aber auch von der Straße aus einen Blick wert!

Figuren berühmter Forscherpersönlichkeiten auf der Balustrade des

Naturhistorischen Museums

NATURHISTORISCHES MUSEUM WIEN

1., MARIA-THERESIEN-PLATZ, BURGRING 7

Haltestelle: Volkstheater (U3, U2Z, D, 1, 2, 46, 49, 71, 48A)

Die Statuen bedeutender Naturforscher und allegorischer Figuren der Naturkräfte wenden taktvoll ihren Blick von der Dachterrasse fort Richtung Stadt. Der strahlenbekränzte Sonnengott Helios, krönender Abschluss der Kuppel, streckt seine Fackel in die Dunkelheit. Die Lichter der Ringstraße leuchten empor. Gibt es einen romantischeren Ort für ein Rendezvous?

Das oder etwas Ähnliches muss sich wohl das Pärchen gedacht haben, das Anfang der 2000er-Jahre nachts auf dem Dach des Naturhistorischen Museums erwischt wurde. Schon damals gab es die Möglichkeiten, Führungen aufs Dach mitzumachen. Bei nächtlichen Kontrollgängen wurde dann überprüft, ob nicht jemand zurückgelassen wurde. Das ertappte Pärchen dürfte allerdings nicht Teil einer geführten Gruppe gewesen sein. Vielmehr hatten sich die beiden über das Gerüst vor der Fassade, die zu diesem Zeitpunkt gerade renoviert wurde, aufs Dach geschlichen.

Das nächtliche Stelldichein blieb – soweit dem Museum bekannt – eine einmalige Sache. Führungen aufs Dach finden immer noch regelmäßig mehrmals die Woche auf Deutsch und auf Englisch statt. Das Betreten des Daches ist ab einem Alter von zwölf Jahren möglich, allerdings nicht barrierefrei. Die Dachführungen haben eine lange Tradition. Bereits im 19. Jahrhundert wurden immer wieder exklusive Gäste aufs Dach und um die Kuppel herum geführt.

Das Museumsgebäude wurde im Zuge der Stadterweiterung nach Abriss der Stadtmauern geplant und errichtet. Der Geologe Ferdinand von Hochstetter, der mit dem Organisationsplan betraut war, plante fünf Abteilungen: eine mineralogisch-petrografische, eine geologisch-paläontologische, eine zoologische, eine botanische und eine anthropologisch-ethnologische Sammlung. Für den Bau des zwischen 1871 und 1889 errichteten Museums zeichneten Gottfried Semper und Carl von Hasenauer verantwortlich. Das Ensemble mit dem Kunsthistorischen Museum zählt zu den eindrucksvollsten Schöpfungen des Historismus in Österreich. Der ursprüngliche Entwurf Hasenauers wurde von Semper stark überarbeitet, um die beiden Museumsgebäude (das Kunsthistorische und das Naturhistorische Museum) möglichst harmonisch in die Umgebung einzubetten. Der Museumsbau erstreckt sich auf einer Fläche von 170 mal 70 Metern. Die Kuppel in der Mitte ragt 65 Meter in die Höhe und wird von einer Bronzestatue des griechischen Sonnengottes Helios bekrönt.

Sowohl die Fassade als auch die Balustrade sind figural geschmückt. An der Fassade finden sich allegorische und mythologische Darstellungen, die auf wesentliche Bausteine des Universums und ihre Entdeckung und Beherrschung durch den Menschen verweisen. Auf der Balustrade sind Figuren berühmter Forscherpersönlichkeiten zu sehen, die den kontinuierlichen Fortschritt der Welterkenntnis symbolisieren. Wer auf der Dachbalustrade einen Platz bekommen sollte, war zur Zeit des Baus unter Experten sehr umstritten. Erstaunlich ist, dass auch Charles Darwin, der damals noch lebte, als mögliche Statue im Gespräch war. Letztlich wurde entschieden, ihn in Form eines Porträtkopfs an der Fassade zu verewigen. Sein Porträt ist das letzte auf der Seite der Ringstraße, es befindet sich über dem Fenster im zweiten Stock.

Noch bevor das Museum eröffnet wurde, starb Hochstetter und seine Pläne für die Sammlungen wurden von Franz von Hauer zwischen 1884 und 1896 fortgeführt. Bei der Eröffnung 1889 war das NHM Wien das weltweit einzige konsequente „Evolutionsmuseum“, in dem der Mensch als Teil der Naturgeschichte dargestellt wurde.

Der Ursprung der Museumssammlung geht auf den Florentiner Gelehrten Johann Ritter von Baillou zurück, von dem

Blick vom Dach des Naturhistorischen Museums auf das Kunsthistorische

Museum

Kaiser Franz I. Stephan Mitte des 18. Jahrhunderts die damals größte und berühmteste Naturaliensammlung der Welt kaufte. Nach dem Tod von Franz I. Stephan wurden seine mineralischen, botanischen und zoologischen Sammlungen durch Maria Theresia an den Staat übergeben. Ende des 18. Jahrhunderts folgte die erste Erweiterung um ein Tierkabinett. Die Gründung eines Pflanzenkabinetts wurde 1803 veranlasst. Bis Mitte des 19. Jahrhunderts wurden all diese Sammlungen als „Vereinigtes k. k. Naturalien-Cabinet" geführt, wobei dieses durch Reisen und Unternehmungen erweitert wurde – allen voran durch die Brasilien-Expedition (1817–1835) unter Teilnahme des Sammlers Johann Natterer. Die Aufstellung der zahlreichen Exponate war schon bald nicht mehr in den Räumlichkeiten der Hofburg möglich. Und so wurde im Zuge der Schleifung der Stadtmauern der Neubau eines eigenen Museumsgebäudes – bzw. zweier Museen, des Naturhistorischen und des Kunsthistorischen – beschlossen.

Während des Ersten Weltkriegs hielt das Museum seine Tore geschlossen. In der Zwischenkriegszeit kam es zu einer Einverleibung des Museums in das Staatsamt für Unterricht. Neuanschaffungen gestalteten sich schwierig, die einzelnen Abteilungen wurden neu strukturiert. Den Zweiten Weltkrieg überstand das Museum weitgehend ohne Verluste in den Sammlungen, alleine die botanische Abteilung erlitt größere Schäden. Die zweite Hälfte des 20. Jahrhunderts brachte zahlreiche Modernisierungen und Neuerungen. Aufgrund des Kunstrückgabegesetzes erfolgte kurz vor der Jahrtausendwende eine Auseinandersetzung mit der Restitutionsthematik.

Die programmatische Inschrift über dem Haupteingang des Museumsgebäudes ist heute noch ebenso relevant wie bei der Eröffnung: *Dem Reiche der Natur und seiner Erforschung.*

Eine besondere Neuerung sind die 2022 eröffneten Vitrinen zur Geschichte des Naturhistorischen Museums sowie der begleitende Themenparcours. Hier wird deutlich, wie sehr sich unser menschlicher, ordnender Blick auf die Natur im Laufe der Jahrhunderte verändert hat. Der Geschichtspfad ermöglicht eine Entdeckungsreise durch das Museum, eine kleine Zeitreise von den Kunst- und Wunderkammern des 16. Jahrhunderts bis zum modernen Evolutionsmuseum des 21. Jahrhunderts. Und mit dem Museum hat sich auch das Dach in die heutige Zeit eingefunden: Photovoltaikanlagen und Bienenstöcke sind zu den Figuren hinzugekommen.

Informationen zu aktuellen Ausstellungen, Veranstaltungen und Führungen wie „Über den Dächern Wiens“ sind auf *www.nhm-wien.ac.at* zu finden.

Café Restaurant in der Kuppelhalle

Das moderne Café und Restaurant in der Kuppelhalle serviert traditionell Wienerisches, Kaffeespezialitäten, Mehlspeisen, herzhafte Snacks und warme Gerichte. Jeden Mittwochabend gibt es ein Gala-Dinner mit wechselnden Buffets.
www.food-affairs.at

Der Arkadengang am Dach des Doms auf der Seite des Südturms

STEPHANSDOM

1., STEPHANSPLATZ 3

Haltestelle: Stephansplatz (U1, U3, 1A, 2A, 3A)

Angegurtet und mit Kletterausrüstung gesichert steht Dompfarrer Toni Faber jedes Jahr auf dem höchsten Punkt des Stephansdoms, der Spitze des Südturms. Davor erfolgt naturgemäß der Aufstieg, mit dem er sich Jahr um Jahr den imposanten Ausblick auf beinahe 137 Metern Höhe verdient. Alles beginnt mit den 343 Stufen zur Türmerstube, wo früher ein Beobachtungsraum der Wiener Feuerwehr untergebracht war. Bis hier herauf können auch Besucher*innen kommen. Doch für den Dompfarrer geht es weiter, zunächst eine Wendeltreppe empor. Nach dem Anlegen von Klettergurt und Schutzhelm erfolgt schließlich der abenteuerliche Teil. Noch ein paar Leitern hoch und dann hinaus durch das Angstloch – eine 60 mal 27 Zentimeter große Öffnung. Bereits jetzt steht Toni Faber 110 Meter über dem Boden. Die letzten 27 Meter werden über mehrere Eisenleitern erklommen – und dann ist er oben angekommen, dort, wo er sich Gott besonders nahe fühlt.

Eine Reise durch die Geschichte

Etwa sechs Millionen Menschen besuchen jährlich den Stephansdom. Der Ursprung des Baus geht auf das Jahr 1137 zurück, als erstmals eine Kirche und Pfarre St. Stephan urkundlich erwähnt wurden. Dieses Jahr wird als Baubeginn angenommen. Erstmals geweiht wurde diese erste romanische Stephanskirche im Jahr 1147, wobei sie damals noch außerhalb der ältesten Stadtmauer Wiens (näher beschrieben in *Bezaubernde Ziegel,* Falter Verlag, 2022) lag.

Die heute noch sichtbaren romanischen Teile des Stephansdoms stammen von der zweiten romanischen Kirche, die zu Beginn des 13. Jahrhunderts errichtet wurde. Aus dieser Zeit ist

Aussicht vom Nordturm des Stephansdoms

TOM TAILOR
J.F. KENNEDY
HAUS

Blick vom Dach des Doms auf den Stephansplatz und das Haas-Haus

die Westfassade mit den sogenannten Heidentürmen erhalten. Der Name dieser schlanken, rund 65 Meter hohen Türme geht auf das 17. Jahrhundert zurück, in dem alles, was an die Türken gemahnte, mit dem Epitheton „heidnisch“, „Heiden…“ versehen wurde. In diesem Fall waren es die minarettartigen Galerien, die an die türkische Architektur erinnerten, und so wurden

die bis dahin als *Heinrichstürme* bekannten Bauwerke zu den *Heidentürmen.*

Im Laufe der Jahrhunderte erfuhr die Stephanskirche immer wieder Erweiterungen. Im 15. Jahrhundert erfolgte zunächst die Fertigstellung des Südturms, danach wurde der Dachstuhl des Doms errichtet. Mit den 230.000 bunt glasierten

Dachziegeln, verlegt in einem Muster, das einem sarazenischen Teppich nachempfunden sein soll, erhielt der Stephansdom sein einzigartiges Aussehen. Der Nordturm blieb über die Jahrhunderte hinweg bis heute unvollendet.

Der Guss der „Pummerin“ genannten Glocke erfolgte im Jahr 1711 durch Johann Achammer. Im Jänner 1712 wurde sie erstmals im Südturm geläutet. Als in den letzten Tagen des Zweiten Weltkriegs die Häuser des Stadtzentrums in Flammen standen, wurde durch einen Funken auch der gotische hölzerne Dachstuhl in Brand gesetzt, eine Stützmauer des Chordachstuhles stürzte ein und durchschlug die Gewölbe des Süd- und Mittelchores. Die Glocke stürzte herab und zerbarst.

Im Zuge der Wiederherstellung wurde der mittelalterliche Lärchenholzdachstuhl durch eine Stahlkonstruktion ersetzt. In nur siebenjähriger Bauzeit konnte der Dom dank der finanziellen Unterstützung der Bundesländer und zahlreicher Spendenaktionen wieder eröffnet werden. Legendär war die sogenannte Dachziegelaktion, bei der jede*r Bürger*in für fünf Schilling symbolisch einen Dachziegel kaufen konnte. Insgesamt zieren Ziegel in zehn verschiedenen Farbtönen das Dach, am Langhaus sind sie in Zickzackmustern angeordnet. Außerdem zeigen die Dachziegel den k. u. k. Doppeladler sowie das Wappen von Österreich und Wien. Um die Symmetrie zu wahren, schaut der Bundesadler im österreichischen Wappen in die falsche Richtung, während jener im Wiener Wappen den Kopf richtig gedreht hält.

Der Südturm

Bereits 1359 wurde der Grundstein für den einzigartigen gotischen Stephansturm gelegt, der heute liebevoll Steffl genannt wird und als Südturm bekannt ist. Mit dem Aufsetzen des Knaufs auf die Kreuzrose wurde der Bau 1433 vollendet. Besucher*innen können über 343 Stufen die auf 72 Metern Höhe liegende Türmerstube erklimmen. Mit der Turmbekrönung ist der Südturm insgesamt 136,4 Meter hoch.

Der Nordturm

Obwohl bereits im Jahr 1450 das Fundament für den Bau des Nordturms geschaffen wurde, erfolgte die Grundsteinlegung erst 17 Jahre später. Aufgrund der Gefahr, die vom Osmanischen Reich ausging, wurden die für die Errichtung des Turms vorgesehenen Mittel 1511 für den Ausbau der Stadtbefestigung verwendet, so dass der Bau des Nordturms eingestellt werden musste. Um dem unvollendeten Turm zu einem Abschluss zu verhelfen, wurde ihm von Hans Saphoy im Jahr 1578 eine kuppelige Haube im Renaissancestil aufgesetzt. Der Bekrönung mit dem kaiserlichen Doppeladler verdankt er seinen zweiten Namen: Adlerturm.

Die gegen Ende des Zweiten Weltkriegs zerstörte Pummerin wurde 1951 neu gegossen. Die mehr als zwanzig Tonnen schwere Glocke hängt seit Oktober 1957 im 68,3 Meter hohen Nordturm. Besucher*innen gelangen mit einem Lift auf den Turm.

Weitere Besichtigungsmöglichkeiten auf dem Dach

Im Rahmen von Führungen oder Veranstaltungen kann der Dachboden der Domkirche besichtigt werden. Nach 120 Stufen einer Wendeltreppe führt ein Gang durch die Regenrinne und weiter zu grandiosen Ausblicken auf die Dachkonstruktion und die Stadt.

Auf *www.stephanskirche.at* gibt es aktuelle Informationen zu Besichtigungszeiten, Konzerten, Gottesdiensten und mehr.

NEUES INSTITUTS-GEBÄUDE (NIG)

UNIVERSITÄT WIEN

1., UNIVERSITÄTSSTRASSE 7

Haltestellen: Landesgerichtsstraße (43, 44), Schottentor (U2, D, 1, 37, 38, 40, 41, 42, 43, 44, 71, U2Z, 1A, 40A)

Die ersten Sonnenstrahlen im Frühling locken die Studierenden der Universität Wien sofort ins Freie. Manche tummeln sich im Sigmund-Freud-Park (näher beschrieben in *Verlockende Oasen*, Falter Verlag, 2021), andere genießen ihr mitgebrachtes Mittagessen mit Ausblick von der Dachterrasse des NIG. Ein Ausblick, der allen frei zur Verfügung steht.

Das 1962 eröffnete Neue Institutsgebäude, kurz NIG, der Universität Wien wurde anstelle des ursprünglich geplanten Bibliotheksneubaus errichtet. Mitte des 20. Jahrhunderts drohte nämlich die Universität aus allen Nähten zu platzen. Als das ehemalige Gebäude für das Korpskommando in der Universitätsstraße 7 demoliert wurde, begann der Wettstreit, wer den heißbegehrten Platz bekommen würde. Die Universität Wien gewann gegen den Österreichischen Gewerkschaftsbund und das Heeresamt. Die eklatanten Platzprobleme der Universitätsbibliothek sowie der einzelnen Institute im Universitätsbau sollten durch das neue Gebäude entschärft werden. Es folgte ein Architekturwettbewerb, den die Architekten Alfred Dreier und Otto Nobis für sich entschieden. Neben dem Bibliotheksbau planten sie eine Fußgängerzone in der Liebiggasse, eine Art Universitätsforum hinter der Universität. Der Baubeginn verzögerte sich jedoch und auch die Philosophische Fakultät der Universität Wien spürte den Zuwachs an Studierenden und kämpfte mit Raumnot. Ihrem Ansuchen beim Bundesministerium um eine Umwidmung des Bauplatzes zu ihren Gunsten wurde stattgegeben. Von 1957 bis 1962 errichteten die beiden Architekten anstatt einer Bibliothek das Neue Institutsgebäude. Die frei gewordenen Räume im Universitätsgebäude wurden so für die Universitätsbibliothek frei. Das NIG war der erste große Universitätsneubau in Österreich nach dem Zweiten Weltkrieg und führte mit seinen damals 14 Hörsälen zu einer deutlichen Verbesserung der Lehrsituation. Der damalige Bundesminister für Handel und Wiederaufbau, Fritz Bock, setzte sich für die zügige Realisierung des Bauvorhabens ein und beteiligte sich selbst daran, indem er die Fassadengestaltung entwarf.

Im obersten Stockwerk wurde eine mittels eines Paternosters, eines offenen Umlaufaufzugs, zu erreichende Mensa eingerichtet. Der an und für sich schon eine Sehenswürdigkeit darstellende Paternoster wurde 2007 durch einen klassischen Lift ersetzt. Teile des Paternosters befinden sich heute im Technischen Museum, an der TU Wien und im deutschen Aufzugmuseum. Und auch die Mensa im NIG gibt es in der Zwischenzeit nicht mehr.

Durch die beständige Entwicklung der Fakultäten und Institute war das NIG von zahlreichen Umsiedlungen betroffen. Adaptierungen des Gebäudes waren dabei nicht immer sofort finanzierbar. Nach großen Institutsverschiebungen durch die Eröffnung des II. Universitätszentrums (UZA II) und des Universitätscampus im Alten AKH folgte ein teilweiser Leerstand. Die Bundesimmobiliengesellschaft finanzierte 1998 die rund 1,8 Millionen Euro teure Adaptierung, die 2003 abgeschlossen wurde. Für die Pläne war Architekt Laurids Ortner zuständig. Im Zuge der Renovierung wurde eine permanente Kunstintervention durch Eva Schlegel in die Verglasung der bis dahin offenen Balkone integriert. Sie zeigt Schriftzüge am Glas im Innen- und Außenraum des Gebäudes.

Heute führt ein moderner Lift ins oberste Stockwerk zu einer großräumigen Lern- und Studierzone mit Gruppen- und Einzelarbeitsplätzen. Zusätzlich steht den Studierenden dort die Dachterrasse zur Verfügung.

Aussicht vom NIG auf die Votivkirche

30
30

HOTEL DANIEL
EHEMALIGES HOFFMANN-LA-ROCHE-GEBÄUDE
3., LANDSTRASSER GÜRTEL 5

Haltestellen: Quartier Belvedere (D, O, 18, S-Bahn, Züge), Fasangasse (O, 1, 18)

Ist hier das Ende der Welt? Das Boot auf dem Hotel Daniel scheint immerhin die Sieben Weltmeere bereits überquert zu haben und droht nun vom Dachrand hinabzustürzen. Oder ist es hier oben bloß gestrandet?

Es handelt sich um das Kunstobjekt *Misconceivable* von Erwin Wurm, ein Segelboot in Originalgröße, das sich über das Hoteldach biegt und Gravitation, Volumen, Gewicht und Statik scheinbar außer Kraft setzt. Der Hoteleigentümer Florian Weitzer erfüllte sich damit seinen Wunsch nach einer „Atmosphäre, die weiter blicken lässt als nur bis zum Fenster". Und das an einem Standort, der passender kaum sein könnte – sowohl physisch als auch metaphorisch ist das Hotel Daniel Bindeglied zwischen Belvedere (S. 163) und dem Belvedere 21 (ehemals 20er bzw. 21er Haus). Einfach war die Anbringung der *Misconceivable* aber allemal nicht. Nach Konzeption, Sicherstellung der technischen Anforderungen und der Einholung zahlreicher behördlicher Genehmigungen arbeiteten acht Männer mit einem dreißig Meter hohen Kran, um das Segelboot sicher in seinem luftigen Hafen zu platzieren.

Nun thront es auf dem über sechzig Jahre alten ehemaligen Verwaltungs- und Produktionsgebäude der Schweizer Pharmafirma Hoffmann-La Roche, gebaut 1962 auf der ehemaligen Parkanlage des – nach schweren Kriegsschäden abgetragenen – Palais des Kunstsammlers Karl Lanckoroński.

Für die Planung war der Wiener Architekt Georg Lippert zuständig. Um seinen quaderförmigen Stahlbetonbau in das

Stadtbild mit Schweizergarten und Belvedere einzufügen, setzte er auf eine Verkleidung aus Aluminium und Glas. Besonders hervorzuheben sind die gut erhaltenen, grün verglasten Vorhangfassaden des Gebäudes. Sie gehören zu den frühesten erhaltenen Curtain-Wall-Fassaden Österreichs und waren damit ein wichtiger und hoch innovativer Schritt für die Architektur der österreichischen Nachkriegsmoderne.

Seit 2012 – nach dem Umbau durch den Wiener Architekten Christian Heiss, der dafür den Staatspreis für Architektur erhielt – ist dieses Gebäude der erste Wiener Standort des Hotel Daniel. Es war eine glückliche Fügung, dass es seine Heimat in einem von Lippert entworfenen Bau gefunden hat, denn auch das Hotel Daniel in Graz entstammt den Plänen des bedeutenden Nachkriegsarchitekten.

Der Wiener Standort zeichnet sich nicht nur durch die architektonische Bedeutung des Gebäudes oder die Kunstinstallation auf dem Dach aus. Das Daniel versteht sich eher als *urban stay* denn als Hotel und punktet gleich mit mehreren Besonderheiten: Die Bakery mit Frühstücksoptionen lockt mit hausgemachtem Gebäck. Das Erdgeschoß lässt die Grenzen verschwimmen: Lobby, Rezeption und Frühstücksraum gehen fließend ineinander über, mit dem bunten Möbelmix, der wohl gemütlich, aber keineswegs zufällig wirkt, und den aus allen Ecken und Enden, vor allem aber aus Koffern sprießenden Pflanzen.

Auf dem Dach – das leider nicht öffentlich zugänglich ist – wartet noch mehr moderne Urbanität: Die hier angesiedelten Bienen bedienen sich fröhlich am vielfältigen Nektarangebot des Schweizergartens, der Gärten des Belvedere und des Botanischen Gartens der Universität Wien (alle drei näher beschrieben in *Verlockende Oasen*, Falter Verlag, 2021) – und direkt auf dem Dach, denn hier gedeihen seit 2014 auch Apfelbäume. Die Produkte dieses kleinen Urban Gardening – den Honig und die zu Apfelkuchen verarbeiteten Äpfel – gibt es zum Frühstück in der Bakery oder auch zum Mit-nach-Hause-Nehmen.

Auf dem Dach des Hotel Daniel wohnen nicht nur Bienen, es stehen hier Apfel-

bäume und natürlich krümmt sich die Misconceivable Erwin Wurms über die Dachkante

Die Bienen und das Segelboot auf dem Dach aus nächster Nähe zu betrachten, bleibt leider ausgewählten Gästen – jenen, die in der Belvedere-Suite übernachten – vorbehalten. Da das Dach nicht abgesichert ist, ist das Betreten im Regelfall nicht erlaubt.

Bakery im Hotel Daniel
In der bewusst chaotisch bestuhlten *Bakery* gibt es den ganzen Tag über Frühstück, aber auch internationale Speisen, und in jedem Fall urbanes Flair. Sonn- und feiertags wird außerdem „Soul Brunch" geboten.
www.hoteldaniel.com/de/wien/bakery

KUNST HAUS WIEN

3., UNTERE WEISSGERBERSTRASSE 13

Haltestellen: Radetzkyplatz (O, 1), Landstraße/Wien Mitte (U3, U4, O, 1, 74A, S-Bahn, Züge)

Von weitem, von innen und von oben sind die visuellen Eindrücke auf, im und am Kunst Haus Wien fantastisch. Das Gebäude besticht vom ersten Blick an mit der durch Friedensreich Hundertwasser fantasievoll ausgeführten künstlerischen Gestaltung. (Auch die Müllverbrennungsanlage Spittelau [S. 204] wurde von ihm gestaltet.)

Das Kunst Haus beheimatet das von ihm gegründete Museum und Ausstellungshaus mit hochkarätigen internationalen Ausstellungen zeitgenössischer Kunst mit Schwerpunkt Fotografie. Zwei der vier Ebenen präsentieren die weltweit größte Sammlung von Hundertwassers eigenem Schaffen, bestückt mit seiner Malerei, Originalgrafiken, Tapisserien, angewandter Kunst wie Briefmarken und Fahnen, Architekturmodellen und Zeugnissen seines ökologischen Engagements. Fotos und Videos geben zudem Einblick in sein Leben und seine Werke.

Das Haus als solches ist dabei ein Hundertwasser-Kunstwerk für sich, gekennzeichnet durch nicht-reglementierte Unregelmäßigkeiten, die unebenen Fußböden und die tanzenden Fenster. Es ist das erste „grüne Museum", in dem sich Hundertwassers visionäres ökologisches Engagement zeigt. Neben dem „vertikalen" Grün – den von ihm als „Baummieter" bezeichneten Bäumen, die in die Fassade gesetzt sind – ist auch die Dachterrasse vollständig begrünt. Fast alle Bäume, die heute noch hier gedeihen, wurden von Hundertwasser selbst gepflanzt und sind damit bereits über dreißig Jahre alt. Für Hundertwasser waren diese Bäume Botschafter des freien Waldes in der Stadt. Wann immer Hundertwasser, der in den 1990er-Jahren

Die vollständig begrünte Dachterrasse des Kunst Hauses

hauptsächlich in Neuseeland wohnte, in Wien war, verweilte er in seinem Wiener Atelier und in der Künstlerwohnung im Kunst Haus. Die Dachterrasse nutzte er einerseits für seine Yogaeinheiten, andererseits, um seine Bilder in die Bäume zu hängen, denn Kunst und Ökologie mussten für ihn immer im Einklang stehen.

Heute bewohnen Bienen das Dach, die auch fleißig Honig produzieren. Die Künstler*innenwohnung wird ausstellenden Künstler*innen zur Verfügung gestellt oder für Workshops genutzt.

Das Museum selbst wurde in der aufgelassenen Möbelfabrik Thonet eingerichtet. Hundertwasser realisierte seine Vision zusammen mit dem Architekten Peter Pelikan. Dank der Fassade, der Hundertwasser mit seinem bunten, unverwechselbaren Stil Leben einhauchte, ist das Gebäude heute ein kulturelles Wahrzeichen von Wien. Die Gestaltung sollte eine Fusion von Alt und Neu sein, so dass möglichst viele Elemente der ehemaligen Fabrik im fünfstöckigen Bau erhalten blieben. Das Kunst Haus Wien öffnete nach zweijähriger Umbauzeit 1991 seine Tore mit 1500 Quadratmetern Ausstellungsfläche, einem Museumsshop und einem Museumscafé. Hundertwassers Credo „*Kunst muss wieder Farbe bekennen. Kunst muss sich wieder an den Menschen wenden […]. Die Kunst muss wieder die Natur und die Gesetze und den Menschen und sein Streben nach den wahren und dauerhaften Werten einbeziehen*“ ist als eine Art Gründungsurkunde in einem Säulenstumpf eingemauert.

2023 erfolgte eine Generalsanierung der Lüftungssysteme, um das Museum klimafit zu machen. Kurz nach der Neueröffnung im ersten Quartal 2024 wird das Kunst Haus Wien zum Zentrum der ersten Klima-Biennale.

Die Dachwohnung und die Dachterrasse sind vom Umbau nicht betroffen und werden nach der Neueröffnung wieder im Zuge von Workshops und wenigen, exklusiven Themenführungen in Kleingruppen zugänglich sein. Diese werden – gemeinsam mit den aktuellen Ausstellungen – auf der Homepage angekündigt: *www.kunsthauswien.com*.

Café Kunst Haus

Das Museumscafé mit seinem bunten Dschungelfeeling bietet ganztägig Frühstück, kleine Speisen sowie klassische Wiener Küche, Burger und mediterrane Köstlichkeiten. Das Café mit Gastgarten – mit buntverspieltem Mobiliar und Pflanzen – dient auch als Veranstaltungsort.

www.kunsthauswien.com/de/besuch/cafe-restaurant

Der Zugang zur Dachterrasse erfolgt über die Künstler*innenwohnung

Aussicht von der Karlskirche

KARLSKIRCHE

4., KARLSPLATZ 10

Haltestelle: Karlsplatz (U1, U4, D, 1, 2, 62, 71, U2Z, 2A, 4A, 59A, Badner Bahn)

Nicht alles, was glänzt, ist Gold. Und nicht jedes sakrale Bauwerk, das in der Mitte mit einer Kuppel bestückt ist, die von Säulen flankiert wird, ist eine Moschee. Als sich 2015 die Satirezeitung *Die Tagespresse* erlaubte, die Karlskirche als Moschee zu bezeichnen, hielten einige Facebook-Nutzer*innen den Beitrag für wahr. Fremdenfeindliche und rassistische Kommentare waren die Folge. Fragen, die sie aufwarfen, lassen sich dabei ganz einfach beantworten.

Ein*e Nutzer*in wollte wissen, wer so etwas in Österreich baut. Die Antwort ist gut bekannt: Der Architekt Johann Bernhard Fischer von Erlach konnte sich im Jahr 1715 beim Wettbewerb um den Bau gegen Johann Lukas von Hildebrandt und Ferdinando Galli-Bibiena durchsetzen. Es wurde zu seinem Hauptwerk, das nach seinem Tod im Jahr 1723 nach über zwanzig Jahren Bauzeit vollendet wurde. Inspiriert sind die Pläne Fischer von Erlachs sowohl von der Hagia Sophia – einst christliche Kirche, ab 1453 Moschee – und der Süleymaniye-Moschee in Istanbul als auch von römischen Tempeln und Triumphtoren. In die Stilvereinigung mischen sich außerdem asiatisch anmutende Pagodendächer. Fischer von Erlachs Sohn Josef Emmanuel, der nach dem Tod seines Vaters die Verantwortung für die Kirchengestaltung übernahm, brachte seine Ideen vor allem in der Ausführung des Kuppeltambours und der Dekoration des Innenraums ein.

Eine weitere Frage, die aufgrund des *Tagespresse*-Artikels auftauchte, war, wer denn den Bau genehmigt hätte. Das war Kaiser Karl VI., der während des Pestjahres 1713 gelobte, dem Pestheiligen und seinem Namenspatron Karl Bor-

Die Panoramaterrasse der Karlskirche

romäus eine Kirche zu errichten, wenn nur die Epidemie vorüberginge.

Und mit welchem Geld die Moschee gebaut worden sei – was sich ein*e weitere*r Nutzer*in fragte –, lässt sich ebenso rasch beantworten. Alle Kronländer trugen zu den Baukosten in Höhe von 304.000 Gulden bei. Hinzu kamen Strafgelder, die die Stadt Hamburg zahlen musste, weil dort die Kapelle der österreichischen Gesandtschaft durch den Pöbel demoliert worden war.

Dass die Karlskirche einer Moschee ähnle, dient nach wie vor gelegentlich als Witz bei Stadtführungen oder Stammtisch-Diskussionen. Faktum ist, dass das sakrale Bauwerk dank der vielen Einflüsse aus verschiedenen Epochen und Regionen die Weltgeschichte der Architektur in sich vereint. Der höchste Punkt ist die Kuppel mit 74 Metern Höhe, gleichzeitig die höchste Kuppel Österreichs, auf die alle anderen Elemente in Form einer breit gelagerten Pyramide zulaufen. Seit 2000 werden im Zuge einer umfassenden Renovierung Kuppelfresken, Innenraum, Außenfassade und Triumphsäulen in altem Glanz wiederhergestellt.

Die Wiener Karlskirche informiert zu kirchlichen Belangen sowie besonderen Veranstaltungen auf *www.karlskirche.at*, während der Verein der Freunde der Wiener Karlskirche auf *www.karlskirche.eu*. Informationen für interessierte Besucher*innen zur Verfügung stellt.

Panoramaterrasse Karlskirche

Besucher*innen können über die Orgelempore zur Panoramaterrasse, direkt über dem Eingangsportal, emporsteigen. Auf 19,3 Metern Höhe bietet sich ein einmaliger Blick auf den Karlsplatz, den Resselpark, den Wiener Musikverein und die Technische Universität Wien.

WIEN MUSEUM

4., KARLSPLATZ 8

Haltestelle: Karlsplatz (U1, U4, D, 1, 2, 62, 71, U2Z, 2A, 4A, 59A, Badner Bahn)

Die Idee für ein Wien Museum stammt aus der Zeit des Ringstraßenbaus, als sich das Stadtbild durch den Abbruch der Stadtmauer massiv veränderte. Die radikalen baulichen Maßnahmen, die einen immensen Zuzug nach Wien mit sich brachten, ließen den Wunsch entstehen, die Geschichte Wiens festzuhalten. Und so wurde 1887 das Museum gegründet. Zunächst hatte es seine Heimat im Rathaus, doch die städtische Sammlung der Wiener*innen wuchs durch Schenkungen und Ankäufe beständig an. Das erste Museumsgebäude für die vielen Kunstwerke und Exponate wurde daher 1959 eröffnet. Für die Planung zeichnete Oswald Haerdtl verantwortlich. Das Gebäude, welches als herausragendes Beispiel für die moderate Moderne der Nachkriegszeit gilt, wurde sowohl innen als auch außen immer wieder baulich massiv modifiziert. Heute steht es unter Denkmalschutz.

Nach sechzig Jahren reichte der Platz im Museumsgebäude nicht mehr aus, der Bau war sanierungsbedürftig und nicht länger als modernes Museum geeignet. Den 2015 international ausgeschriebenen Architekturwettbewerb für die Sanierung, Adaptierung und Erweiterung des Gebäudes gewann das österreichische Architektenteam Ferdinand Certov, Roland Winkler und Klaudia Ruck.

Die zwei wesentlichen Erweiterungen des Um- und Zubaus sind einerseits der gläserne Eingangsbereich mit davorliegender Plaza, die als freie, einladende Fläche eine neue Qualität auf dem Karlsplatz schafft, und andererseits der schwebende Neubau mit Fugen- bzw. Terrassengeschoß und Schwebegeschoß. Der Aufbau wird über den Innenhof gestützt. Die neuen

Ebenen scheinen so aus den Hohlräumen herauszuwachsen und die besondere Konstruktion sorgt dafür, dass der Altbestand nicht belastet wird.

Der Außenbereich des Fugen- und Terrassengeschoßes verbindet das Wien Museum einmal mehr mit dem Karlsplatz. Besucher*innen können unabhängig von einem Ausstellungsbesuch über den frei zugänglichen Wien-Raum auf die Außenfläche gelangen, von wo aus sich eine erstklassige Aussicht auf 16 Metern Höhe auf den Resselpark, die Karlskirche, den Wiener Musikverein und das Künstlerhaus sowie auf die französische Botschaft bietet. Ein Aufenthalt ist ohne Konsumzwang möglich. Im selben Stockwerk sind auch das Atelier für Kinder und der Veranstaltungsbereich untergebracht.

Das Schwebegeschoß steht für Sonderausstellungen zur Verfügung. Für die Dauerausstellung werden die ersten drei Stockwerke, also das Haerdtl-Haus, genutzt, welches in engster Abstimmung mit dem Bundesdenkmalamt aufwendig saniert und nach heutigen Baunormen adaptiert wurde. Die Ausstellung zeigt die Geschichte Wiens, von der ersten Besiedelung bis in die Gegenwart. Im ehemaligen Atrium wurden die Stockwerke über eine neue Stiege miteinander verbunden. In dieser Halle sind auch der Walfisch aus dem ehemaligen Restaurant Walfisch im Prater, die originalen Figuren des Donnerbrunnes, deren Repliken am Neuen Markt stehen, und eine Miniatur des Stephansdoms, vormals am Dachboden des Doms zu sehen, ausgestellt.

Insgesamt konnte durch die Erweiterung die Museumsfläche von 6900 Quadratmetern auf 12.000 Quadratmeter vergrößert werden. Das Gebäude wuchs dabei nicht nur von 16 Metern auf 25 Meter Höhe an, sondern wurde auch unterirdisch mit neuen Depotflächen unter dem Vorplatz erweitert. Die Energieversorgung des Gebäudes erfolgt über Geothermie mit Hybrid-Kälte-Wärme-Pumpen und Photovoltaikanlagen. Finanziert wurde der große Umbau durch Budgetmittel der Stadt Wien.

Der frei zugängliche neue Außenbereich des Wien Museums

Die Eröffnung des neuen Wien Museums ist für Dezember 2023 geplant. Öffnungszeiten sowie Informationen zu den Sonderausstellungen und Sammlungen wird es auf der Homepage geben: *www.wienmuseum.at*.

Österreichs erste Toilette-für-alle

Auch ohne Eintrittskarte kann die erste Toilette-für-alle im Untergeschoß aufgesucht werden. Mit höhenverstellbarer Pflegeliege, Deckenlift und weiteren Funktionen, die Menschen mit komplexer Behinderung eine Teilhabe am gesellschaftlichen Leben erleichtern, ist dieses WC Teil des Vorhabens, das Wien Museum zu einem Raum der Begegnung, einem „Wohnzimmer für alle" werden zu lassen. Um dieses Ziel zu erreichen, setzt das Museum vermehrt auf Vermittlungsangebote wie Führungen und Workshops, Community Projekte sowie den Einsatz von taktilen Objekten, Brailleschrift oder Großdrucktext und Angebote in Leichter Sprache. Hinzu kommen Induktionsschleifen und Leihrollstühle.

Sowohl das Restaurant im Erdgeschoß als auch das Café im Terrassengeschoß werden von der GMS Gourmet GmbH bespielt. Es wird leistbare, regionale und bio-zertifizierte Wiener Küche angeboten.

PLUS-ENERGIE-BÜROHOCHHAUS

TECHNISCHE UNIVERSITÄT WIEN

6., GETREIDEMARKT 9

Haltestelle: Karlsplatz (U1, U4, D, 1, 2, 62, 71, U2Z, 2A, 4A, 59A, Badner Bahn)

Ambitioniert, innovativ und in jedem Fall ein Erfolg ist das weltweit erste Plus-Energie-Bürohochhaus. Der Anspruch war, mehr Energie ins Stromnetz einzuspeisen, als für den Gebäudebetrieb *und* für die Nutzung benötigt wird. Und das im Zentrum von Wien.

Bereits seit den Siebzigerjahren nutzt die Technische Universität Wien das elfgeschoßige Gebäude am Getreidemarkt. Das sogenannte Chemiehochhaus wurde von 1965 bis 1970 von Karl Kupsky erbaut. Der Name kam von den hier untergebrachten chemischen Instituten. An der Außenseite des Gebäudes befanden sich die Laborräume.

Im Zuge des Projekts „TU Univercity 2015“ wurde das Gebäude saniert (Eigentümerin: Bundesimmobiliengesellschaft BIG), die chemischen Institute zogen aus, neue Nutzerin wurde die Fakultät für Maschinenwesen und Betriebswissenschaften.

Für die Planung des Umbaus zum innovativen Hochhaus arbeiteten die ARGE der Architekten Hiesmayr-Gallister-Kratochwil mit einem Team aus Wissenschaftler*innen und Forscher*innen sowie mit Spezialist*innen zusammen. Um das Ziel eines Plus-Energie-Hauses – sprich im Laufe eines Jahres mehr Energie zu produzieren als zu verbrauchen – zu erreichen, war es notwendig, zuerst den hohen Energieverbrauch des 55 Meter aufragenden Gebäudes zu reduzieren. Im Vergleich zu einem typischen Büroneubau verbraucht das Plus-Energie-Bürohochhaus nun nur noch ein Achtel der Energie

Sicht vom Plus-Energie-Bürohochhaus auf das Naturhistorische Museum, das

AKH, das Kunsthistorische Museum sowie auf das Rathaus

Das ehemalige Chemiehochhaus der TU bietet einen Panoramablick bis zu den

umliegenden Bergen

und im Vergleich zum Energieverbrauch des Hochhauses vor der Sanierung sogar nur noch ein Vierzehntel.

Um Energie zu gewinnen, kommen Photovoltaikanlagen auf dem Dach und an der Fassade zum Einsatz, für eine kleinere Menge sorgt die Energierückgewinnung des Aufzugs. Ist die im und am Gebäude gewonnene Energie geringer als der Verbrauch, wird Strom aus dem elektrischen Netz hinzugenommen. Wird hingegen mehr gewonnen, so fließt die Energie an benachbarte Gebäude. Auf das Jahr gesehen wird mehr Energie eingespeist als aus dem Netz bezogen.

Für die Heizung wird die Abwärme aus dem Serverraum im Keller genutzt. Im Sommer, wenn der Raum gekühlt werden muss, kommen zwei Hybridkühltürme zum Einsatz. Außerdem verfügt das Gebäude über eine Nachtlüftung. Der Abzug der warmen Luft erfolgt über die Lüftungsanlagen, die bereits für die früheren Labore im Gebäude existierten.

TUtheSky – Veranstaltungs- und Seminarraum

Im elften Obergeschoß wurde im Zuge der Sanierung der gläserne Repräsentationsraum *TUtheSKY* errichtet. Von innen und vor allem von den beiden Terrassen aus bietet sich so ein traumhafter 360-Grad-Blick auf die Stadt. Neben dem Stephansdom (S. 25), dem Riesenrad (S. 200), der Karlskirche (S. 47), der Michaelerkirche und der Minoritenkirche ist die Sicht auf das Kunsthistorische sowie das Naturhistorische Museum (S. 18) und die Hofburg frei. Die Wiener Flaktürme (unter anderem das Haus des Meeres, S. 69) können ebenso entdeckt werden. In der Ferne reicht die Aussicht bis zum Wasserturm Favoriten (S. 174), zum Millennium- und zum DC Tower und zur Müllverbrennungsanlage Spittelau (S. 204).

In den Genuss dieses Panoramas kommen Gäste der diversen Veranstaltungen (z. B. Podiumsdiskussionen, Vorträge und Lesungen). Außerdem gibt es die Möglichkeit, selbst eine Veranstaltung im Veranstaltungsraum TUtheSky auszurichten. Anfragen gehen an das Veranstaltungsteam der TU Wien.

Blick vom Plus-Energie-Bürohochhaus auf die Akademie der bildenden Künste

MQ LIBELLE

MUSEUMSQUARTIER WIEN

7., MUSEUMSPLATZ 1

Haltestellen: Volkstheater (U3, U2Z, D, 1, 2, 46, 49, 71, 48A), MuseumsQuartier (57A)

Hier liegt einem das größte Kulturareal Europas zu Füßen, die Aussicht erstreckt sich über die Innenstadt bis zu den Hausbergen, es ist eine Kulturterrasse, die es erlaubt, gleichzeitig mittendrin und obendrüber zu stehen. Seit Herbst 2020 ist es möglich, auf das Dach des Leopold Museums zu gelangen. Die MQ Libelle – benannt nach der Form ihres Raums – wurde von Laurids und Manfred Ortner (Ortner & Ortner BAUKUNST) geplant.

Die beiden zeichneten bereits Ende der 1990er-Jahre für das MuseumsQuartier-Areal in seiner heutigen Form verantwortlich. Die Glasfassade der MQ Libelle wurde von Eva Schlegel, die ikonischen Beleuchtungskörper auf der Terrasse von Brigitte Kowanz geschaffen.

Auf der Aussichtsplattform ermöglichen Terrassenmöbel den Aufenthalt ohne Konsumzwang – ganz wie in den Höfen des MuseumsQuartiers (MQ). Darüber schwebt der 500 Quadratmeter große, multifunktionale Veranstaltungsraum, der sowohl für Kunst- und Kulturprojekte als auch zur Vermietung für Veranstaltungen zur Verfügung steht. Die MQ Libelle auf dem Dach des Leopold Museums ist von Anfang April bis Ende Oktober über zwei Außenlifte zugänglich (dienstags geschlossen!).

Kiosk Zur Libelle

Bei Schönwetter besteht die Möglichkeit, sich auf dem Dach beim Edel-Würstelstand Zur Libelle mit diversem Fingerfood, regionalen Weinen und Craft-Bieren zu versorgen.

Blick vom Leopold Museum auf den Haupthof des MuseumsQuartiers

Das MuseumsQuartier

Rund um die Libelle liegt das MuseumsQuartier. Noch von Beton beherrscht, wird es sich bald zu einem mediterranen Dschungel wandeln. Dem Jahresmotto 2023 *MQ goes Green* folgend, wurde im selben Jahr mit konkreten Begrünungsmaßnahmen am Vorplatz und in den Innenhöfen begonnen. Den dafür ausgeschriebenen Wettbewerb gewann Anna Detzlhofer, die für jeden der Höfe ein eigenes Begrünungsthema geplant hat. Um die wegen des Klimawandels drohende Hitze zu mildern, werden Stauden, Gräser und klimaresistente Bäume die neuen Anwohnenden des MuseumsQuartiers. Im Haupthof sind etwa Seidenakazien, Zelkoven und Weidenblättrige Sonnenblumen, Tautropfengras, Fackellilien und Montbretien angedacht. Diese Zusammensetzung soll für ein mediterranes Flair und Dschungelstimmung sorgen. Im Staatsratshof wird auf Waldkiefern, Pampas- oder Texasgras sowie immergrüne Wolfsmilch und Palmlilien gesetzt. Der Vorplatz wird zu einem „Parlament der Klimabäume" mit zehn ausgewählten Bäumen, die außerdem mit Infotafeln versehen werden sollen. Die gesamte Begrünung soll bis 2026 abgeschlossen sein.

Informationen zu allen Institutionen im MuseumsQuartier, zu Ausstellungen, Veranstaltungen und dem Projekt *MQ goes Green* gibt es auf *www.mqw.at.*

Das Leopold Museum

Unterhalb der MQ Libelle befindet sich das Leopold Museum, das mit mehr als 8300 Werken eine der weltweit bedeutendsten Sammlungen österreichischer Kunst beherbergt. Der Fokus der Kollektion liegt auf der Klassischen Moderne. Die Dauerausstellung „Wien 1900. Aufbruch in die Moderne" umfasst Meisterwerke von Gustav Klimt, die bedeutendste Sammlung von Werken der Expressionisten Egon Schiele und Richard Gerstl, die umfassendste permanente museale Oskar-Kokoschka-Präsentation, ausgewählte Objekte der Wiener Werkstätte u. v. m. Hier wird die Entwicklung vom Historismus über den

Stimmungsimpressionismus und Symbolismus bis zu Jugendstil, Expressionismus und Neuer Sachlichkeit gezeigt.

Ursprung der Sammlung ist die Sammlertätigkeit von Rudolf und Elisabeth Leopold, die ab den 1950er-Jahren ihrer Kunstleidenschaft nachgingen. Dabei gelangten auch Werke von in den 1960er-Jahren noch verpönten Künstlern wie Egon Schiele in ihren Besitz.

1994 wurden 5200 Werke in die Leopold Museum Privatstiftung eingebracht. Die durch die Republik Österreich und die Österreichische Nationalbank geleistete Zahlung von 160 Millionen Euro stellte nur einen Bruchteil des geschätzten Wertes der Sammlung von rund 570 Millionen Euro dar. Für diesen Kunstschatz wurde eigens ein Museumsgebäude – von Laurids und Manfred Ortner – errichtet. Rudolf Leopold blieb bis zu seinem Tod 2010 Direktor des Hauses.

Heute gehört neben dem Erhalt der Sammlung, der öffentlichen Präsentation und der wissenschaftlichen Aufarbeitung auch die Erweiterung zu den zentralen Anliegen. Weiterführende Informationen zum Museum, der Sammlung und den Ausstellungen sowie eine virtuelle Tour gibt es auf der Homepage: *www.leopoldmuseum.org*.

Das mumok – Museum moderner Kunst Stiftung Ludwig Wien

Zeitgleich mit dem Leopold Museum wurde auch das Museumsgebäude für das Museum moderner Kunst Stiftung Ludwig, kurz mumok, errichtet. Ursprünglich war das Museum als Museum des 20. Jahrhunderts (später 20er Haus) im Schweizer Garten, in dem von Karl Schwanzer für die Expo in Brüssel 1958 erbauten Österreich-Pavillon, 1962 eröffnet worden. Die Aufgabe, eine Sammlung moderner Kunst aufzubauen, fiel Gründungsdirektor Werner Hofmann zu, dem es in nur wenigen Jahren gelang, bedeutende Werke zu erwerben.

Die größte Erweiterung der Sammlung gelang in den 1970er-Jahren. Im Rahmen einer Ausstellung kamen Werke der Pop-Art und des Fotorealismus aus der Sammlung zeitgenössischer Kunst

Aussicht von der MQ Libelle auf das Kunsthistorische Museum

von Peter und Irene Ludwig von Aachen nach Wien. Beinahe 200 der Ausstellungsstücke durften nach Ende des Ausstellungszeitraums als Leihgabe im Museum verbleiben. Kurz darauf konnte der Erwerb der Kölner Sammlung von Wolfgang Hahn mit Fokus auf Nouveau Réalisme und Fluxus den Museumsbestand erweitern. Ab 1979 diente aus Platzmangel auch das Palais Liechtenstein am Alsergrund als zweites Ausstellungsgebäude.

1981 wurde die Österreichische Ludwig-Stiftung gegründet, in deren Besitz etwa zwei Drittel der bisherigen Leihgaben des Ehepaars Ludwig übergehen konnten – und somit zu Dauerleihgaben an das Museum wurden. Als Gegenleistung wurde eine jährliche, wertgesicherte Zahlung der Republik Österreich an die Stiftung erreicht, die den Erwerb künftiger Kunstwerke ermöglicht. Zum zehnjährigen Bestehen wurde der Bestand durch eine weitere Schenkung vergrößert. Im selben Jahr erhielt die gesamte Sammlung den Namen *Museum moderner Kunst Stiftung Ludwig Wien*.

Weitere zehn Jahre später übersiedelte das Museum in das neu errichtete Gebäude im MuseumsQuartier. Die Sammlung umfasste mittlerweile rund 10.000 Exponate moderner und zeitgenössischer Kunst, die im kubischen, mit Basaltlava ummantelten Museumsgebäude auf 4800 Quadratmetern in Form von monografischen oder thematischen Ausstellungen zu sehen sind.

Angaben zu Ausstellungen, Führungen und Workshops werden auf *www.mumok.at* veröffentlicht.

HAUS DES MEERES

6., FRITZ-GRÜNBAUM-PLATZ 1

Haltestellen: Neubaugasse (U3), Haus des Meeres (13A, 14A)

1,5 Millionen Liter Wasser befinden sich unter unseren Füßen, rund 10.000 Tiere, vorrangig aus dem Meer, darunter Haie, Rochen, Muränen, aber auch Nachzüchtungen von Seepferdchen, Clownfischen, Quallen, und Tropentiere von außerhalb des Wassers, die lieber auf Bäumen hausen: Riesenschlangen, Flughunde und Äffchen. Unser Blick fällt über den Wiener Innenstadt-Ozean auf die Pfarrkirche Mariahilf, den Stephansdom (S. 25) und, ganz nah, wie ein vorübergleitendes Schiff, auf das 1904 nach Plänen von Eduard Prandl erbaute Apollotheater (heute: Apollokino).

Wir befinden uns auf dem einzigen heute öffentlich zugänglichen, ehemaligen Flakturm Wiens. Bei den restlichen fünf Flaktürmen konnte kein Konsens über die weitere Nutzung gefunden werden. Dieser hier, im Esterházypark mit futuristischem Coolspot voller Sprühnebeldüsen und Klimabäumen (näher beschrieben in *Verlockende Oasen,* Falter Verlag, 2021), wurde bereits 1957 (nach vorübergehender Nutzung als Nothotel) von der Gesellschaft für Meeresbiologie bezogen. Ein Jahr später eröffnete die erste Meerwasserausstellung Österreichs.

Heute bevölkern nicht nur Meerestiere, lebende Korallen und Anemonen den Flakturm, sondern auch Süßwasserlebewesen wie seltene Süßwasserrochen und Kugelfische. Zu bestaunen gibt es neben den bereits erwähnten Arten auch Krokodile, Leguane, Schildkröten und an die 250 Vögel. Der wissenschaftlich geführte und zertifizierte Zoo ist nicht nur ein beliebtes Ausflugsziel bei Familien mit Kindern, sondern versteht sich vorrangig als Bildungseinrichtung, die den Gästen die Vielfalt der Tierwelt und Einsichten in biologische, ökologische Zusammenhänge und damit verbundene ethische Werte vermittelt.

Haus des Meeres – Blick auf den sechsten und ersten Bezirk und auf die Skyline

am anderen Donauufer

Zu den letzten Neuerungen im Haus des Meeres gehören das 360°-Haibecken und die Australien-Erlebniswelt.

Besucherinformationen und aktuelle Neuigkeiten stehen auf *www.haus-des-meeres.at.*

Das Flakturmmuseum

Im Flakturmmuseum, im ehemaligen Kommandoraum des Flakturms, wird unter dem Titel *Erinnern im Innern* über die ursprüngliche Funktion des Gebäudes informiert. Exponate von damals, Objekte zur Technikgeschichte der turmbezogenen Luftraumüberwachung und ein Kurzfilm mit Wochenschauaufnahmen aus Wien verdeutlichen die Gräuel der Kriegszeit. Außerdem wird auf die Rollen der Luftwaffenhelfer, der Nachrichtenhelferinnen, der Rot-Kreuz-Schwestern und der Zwangs- bzw. Fremdarbeiter eingegangen. Das Museum versteht sich als unverfälschte Zeitkapsel, die die Erinnerungskultur begreifbar macht und die Gesellschaft weiter sensibilisiert.

Sport am und im Flakturm

Der Blick auf die Stadt kann auch auf die etwas andere Art genossen werden: Die Kletteranlage Flakturm *(www.flakturmklettern.at)* am Haus des Meeres bietet die Möglichkeit, bis zu dreißig Meter die Hauptwand hochzuklettern. Außerdem werden im Haus des Meeres immer wieder Treppenläufe veranstaltet, bei denen die Teilnehmenden das Dach über 271 Treppen erklimmen.

360° Ocean Sky Restaurant Bar

Mit dem Panoramalift geht es hoch hinauf ins Dachgeschoß des Haus des Meeres. Mit fantastischem Ausblick kann auf der Terrasse den ganzen Tag gespeist werden: Auf der Karte stehen kreative Frühstücksideen, internationale Küche und moderne Klassiker. In der Bar gibt es Drinks in modernem Ambiente.
www.oceansky.at

Haus des Meeres – Blick auf die Pfarrkirche Mariahilf

HAUPTBÜCHEREI DER STADT WIEN

7., URBAN-LORITZ-PLATZ 2A

Haltestellen: Burggasse-Stadthalle (U6, 6, 18, 48A), Urban-Loritz-Platz (6, 9, 18, 49)

Es rauscht wie auf einer Insel im Fluss. Der Gürtelverkehr umspielt den Bücherberg, auf dem wir stehen. Zwischendurch dringt das vertraute Bimmeln einer der Straßenbahnen zu uns herauf, der Blick gleitet auf den Platz hinab. Wie Segel überspannt die 140 Meter lange und acht bis dreißig Meter breite Stahl-Glas-Membrankonstruktion, entworfen von Silja Tillner, den Urban-Loritz-Platz. Bei der Planung war das Dach als Orientierungshilfe und Witterungsschutz gedacht, heute dient es auch als Schattenspender und verstärkt bei Dunkelheit das Sicherheitsgefühl, denn durch das indirekte Licht, das von den weißen, transluzenten Membranen reflektiert wird, entsteht der größte Lampenschirm der Stadt. Insgesamt besteht das Dach aus zehn Membranfeldern.

Die Hauptbücherei thront darüber, direkt über der Trasse der U6 und dem Stationsgebäude Burggasse. Aus über hundert Architekt*innen ging der Wiener Architekt Ernst Mayr als Sieger aus dem EU-weit ausgeschriebenen Wettbewerb hervor. Er entwarf ein dreigeschoßiges, ganz den Grundsätzen zeitgenössischer Architektur entsprechendes Gebäude. An der Stirnseite führt eine monumentale Freitreppe bis auf die frei zugängliche Dachterrasse (ein barrierefreier Zugang ist über das Stationsgebäude möglich). Diese wird als Geste an die Öffentlichkeit verstanden und ist die größte Freitreppe Wiens. Die Flanken sind nur sparsam geöffnet, um vor dem Lärm, der von den beiden Gürtelstraßen heraufdringt, zu schützen.

Eröffnet wurde die Hauptbücherei der Stadt Wien 2003. Das Gebäude vereint Lesezentrum, Kommunikations- und Kulturknotenpunkt und steht dabei auch für das Bibliothekswesen im Multimediazeitalter.

Heute stehen den Nutzer*innen in einer Freihandbücherei über 400.000 Medien, davon mehr als 300.000 Bücher, zur Verfügung. Im elektronischen Leseraum können internationale Zeitungen konsumiert werden. Für Kinder gibt es einen eigenen Bereich, genannt „Kirango“. Jedes Jahr wird für die kleinen Leseratten im Frühling das Lesofantenfest veranstaltet. Im Sommer bietet das *Kino am Dach* ausgewählte Filme unter freiem Himmel.

An den 38 Zweigstellen der Büchereien der Stadt Wien stehen insgesamt über 1,4 Millionen Bücher, Filme, Musik und mehr zur Verfügung, hinzu kommen 90.000 E-Books und E-Audios. Diverse Veranstaltungen wie Lesungen oder Schreibwerkstätten runden das Angebot ab.

Alle Veranstaltungen, Katalogsuche sowie weiterführende Informationen gibt es auf *https://buechereien.wien.gv.at.*

Oben Restaurant-Bar

Auf dem Dach der Hauptbücherei sitzt das *Oben*, ein Lokal mit saisonal wechselnder Karte aus der wienerisch aufgewerteten Szenenküche. Die Zutaten stammen direkt von regionalen Produzent*innen, auf Fertigprodukte und Konservierungsstoffe wird verzichtet. Von der Hühnersuppe bis zum Ketchup ist alles handgemacht. Jeden Sonntag wird Brunch angeboten.

Der Ausblick reicht über den Gürtel bis zum Wienerberg und ist vor allem auch abends – bei umfangreichem Barsortiment, das auch ausgefallene Wünsche gerne erfüllt – zu empfehlen.

www.oben.at

Blick auf den Urban-Loritz-Platz vom Dach der Hauptbücherei der Stadt Wien

IKEA WIEN WESTBAHNHOF

DAS HUS

15., EUROPAPLATZ 1

Haltestelle: Westbahnhof (U3, U6, 5, 6, 9, 18, 52, 60, S-Bahn, Züge)

Zehn Jahre Planung, zwei Jahre Bauzeit: so lange hat es bis zur Eröffnung gedauert. Seit 2021 hat Wien jetzt eine zeitgenössische, sehenswerte Architekturikone mehr. Der erste autofreie Ikea unterscheidet sich von außen und von innen vom typischen Ikea-Möbelhaus-Gefühl mit den Richtungspfeilen auf dem Boden, ohne Tageslicht und dem großen Parkplatz vor der Tür. Hier ist alles offener, weniger gedrängt und fürs Mit-nach-Hause-Nehmen können Konsument*innen aus etwa 4000 Produkten wählen, die jeweils weniger als zehn Kilogramm wiegen. Ansonsten können Möbel hier zwar ausprobiert, abgetastet, getestet, aber danach nicht ins Auto geladen werden. Natürlich besteht stattdessen die Möglichkeit, sie zu bestellen und nach Hause liefern zu lassen. Es ist das erste Ikea-Möbelhaus, das dieses radikal autolose Konzept umgesetzt hat. Grund dafür waren die neuen Spielregeln für eine innerstädtische Ansiedlung, die Anfang der 2010er-Jahre beschlossen wurden.

Für das Gebäude zeichnete das Architekturbüro Querkraft verantwortlich. Es hat sich 2017 bei einem Wettbewerb durchgesetzt. Da Ikea weniger Nutzfläche gefordert hat, als auf das Grundstück gepasst hätte, fiel die Entscheidung, das Gebäude auf allen Seiten um mehr als vier Meter in das Grundstück hineinzuversetzen, um der Natur Platz zurückzugeben. Von außen wirkt das Ikea-Gebäude nun, als hätte man ein Billy-Regal vor die Fassade gestellt. Das weiße, sechsgeschoßige Stahlregal bietet auf den Terrassen Platz für insgesamt 160 Laub- und Nadelbäume, eine bunte Mischung aus Ahornen, Kiefern, Birken, Buchen,

Eichen, Eschen und Weidebäumen, die sich gemeinsam mit Gräsern, Stauden und Beeren die Fassade teilen. Eine Flora, wie sie in der schwedischen Provinz Småland – der Heimat des Ikea-Gründers – anzutreffen ist. Für die Planung waren Green for Cities und Kräftner Landschaftsarchitektur zuständig.

Im 31 Meter hohen Gebäude ist neben dem Ikea-Möbelhaus auch die französische Hotelkette Jo&Joe untergebracht, ein Hostel für junge Städtereisende. Direkt darüber lädt die 2600 Quadratmeter große Dachterrasse zum Verweilen unter Bäumen und auf betonierten Klippan-Sofas ein. Das Dach ist täglich bis Mitternacht geöffnet und bietet ohne Konsumzwang einen anderen Blick auf Wien. Markant ist vor allem die Koptisch-Orthodoxe Kirche Maria vom Siege (näher beschrieben in *Bezaubernde Ziegel,* Falter Verlag, 2022).

Toppen und Jo&Joe

Wer auf dem Dach auch etwas essen oder trinken möchte, dem stehen zwei weiße Container zur Verfügung. Im Ikea-Snack-Container, genannt *Toppen* (ein schwedischer Ausruf für „Spitze!“), gibt's gefüllte Brötchen. Im Jo&Joe-Container werden Drinks, Cocktails und Street Food geboten.

Aussicht vom Dach des Ikea-Möbelhauses am Westbahnhof – prominent sind

die Pfarrkirche Mariahilf und das Haus des Meeres zu sehen

DÄCHER FÜR GAUMENFREUDEN

Den Tag beim Brunch in luftigen Höhen beginnen, zu Mittag kulinarische Neuheiten ausprobieren und abends bei Sonnenuntergang einen Cocktail schlürfen – all das ist möglich auf Wiens herausgeputzten Dächern. In den letzten Jahren haben zahlreiche Rooftopbars und Rooftoprestaurants auf den Dächern der Stadt eröffnet. Essen und Trinken mit Aussicht ist die neue Art, nach der Arbeit zu entspannen, mit seinen Freund*innen ganz im Moment zu leben oder seinen Geburtstag zu feiern.

Dabei ist es ganz gleich, was sich unter den feinen Restaurants und hippen Bars befindet. So ist es etwa möglich, auf dem Dach des Parlaments (S. 84) im *Restaurant Kelsen* zu speisen oder sich im *Justizcafé* auf dem Dach des Justizpalasts (S. 91) einen Tagesteller zu holen.

Auch viele Hotels bieten auf ihren Dächern Speise-, Trink- und Feiermöglichkeiten, etwa im *Istros* des Radisson RED Vienna (S. 121), im *Neni* im Hotel Superbude (S. 126), im *loft* im Design Tower (S. 128), wo das SO/ Vienna Hotel untergebracht ist, im *Dachboden* des 25hours Hotels (S. 138), in der *Neuen Hoheit* im Rosewood Hotel Vienna (S. 105) oder in der *Onxy Bar* bzw. dem *Onyx Restaurant* im Haas-Haus (S. 109). Besonders exklusiv ist es im Private Members Club des *Grand Étage* im Hotel Grand Ferdinand (S. 95).

Weitere Speisemöglichkeiten bietet das *Brandauer* im Kaufhaus Gerngross (S. 133), das *Lamée Rooftop* im Gebäude Zum Römertor (S. 118), der *Organics Sky Garden im Römerhof* (S. 101) und das *Sky* im Kaufhaus Steffl (S. 112).

Blick vom Rosewood Hotel Vienna auf das Reiterdenkmal gegenüber

PARLAMENT

1., DR.-KARL-RENNER-RING 3

Haltestelle: Parlament (D, 1, 2, 71, U2Z)

Als das österreichische Parlament nach fünfjähriger Sanierung im Januar 2023 mit einem Festakt wiedereröffnet wurde, waren mehr als tausend Menschen anwesend. Zwei Tage später standen Besucher*innen Schlange, um im Rahmen zweier Tage der offenen Tür das Gebäude zu besichtigen. Nach über 130 Jahren Betrieb – zweckentfremdet in der Zeit des Ständestaats und des Nationalsozialismus – war das Gebäude erstmals für einige Jahre stillgestanden. Nun ist es vollständig wiederhergestellt und steht allen Interessierten offen. Am besten lässt sich ein Besuch des Parlaments mit einem Aufenthalt auf den Dachterrassen, die vom Restaurant Kelsen bespielt werden, verbinden. Je nach Terrasse bietet sich ein Blick auf den Heldenplatz und das Naturhistorische Museum (S. 18) oder auf den Rathausmann, der von der Spitze des Rathauses über die Dächer schaut. In direkter Nähe geht es zu den beiden goldenen Schloten im Nordteil des Gebäudekomplexes.

Für die Architektur des Parlamentsgebäudes war Theophil Hansen verantwortlich. Er erhielt den Auftrag, nachdem Kaiser Franz Joseph I. beschlossen hatte, den militärischen Paradeplatz umzusiedeln und das Gelände für die Errichtung dreier zentraler öffentlicher Bauten zur Verfügung zu stellen: das Reichsratsgebäude (das heutige Parlament), das Rathaus und die Universität. Der ursprüngliche Plan, zwei getrennte Bauten für das Abgeordnetenhaus und das Herrenhaus des Reichsrates zu bauen, wurde aus Kostengründen verworfen. Für den Architekten Hansen war das Reichsratsgebäude sein Lebenswerk. Er konzipierte alles: vom ersten Entwurf bis hin zu den Details der Ausstattung. Sein Ziel war es, eine harmonische Abstimmung aller Details zu erreichen.

Blick vom Dach des Parlaments an den Figuren vorbei aufs Rathaus

Eine ungewohnte Sicht auf das Naturhistorische und Kunsthistorische Museum

von einer der Parlaments-Dachterrassen aus

Die Grundsteinlegung für den Bau erfolgte 1874, 1879 war der Rohbau fertig. Die erste Sitzung des Abgeordnetenhauses konnte schließlich 1883 im neuen Reichsratsgebäude abgehalten werden, ein Jahr später tagte auch das Herrenhaus in den neuen Sälen. Bis die endgültige Ausgestaltung fertig war, dauerte es drei weitere Jahrzehnte. Der Pallas-Athene-Brunnen vor dem Gebäude wurde erst 1902, das 121 Meter lange Friesgemälde in der Säulenhalle sogar erst 1911 fertiggestellt.

Hansen ließ sich von der Formensprache der griechischen Antike, dem Geburtsort der Demokratie, inspirieren. Gleichzeitig wurden für den Bau Materialien aus allen Kronländern der Monarchie benutzt, um das Zusammenwirken aller Kräfte zu symbolisieren: Im Abgeordnetenhaus im österreichischen Reichsrat trafen erstmals acht Nationen, elf verschiedene Muttersprachen, 17 Kronländer, mehr als dreißig Parteien und Gruppierungen und nicht zuletzt 516 Abgeordnete aufeinander. Es war das erste multinationale Parlament der Welt. Die Sitzungen wurden dabei allerdings ausschließlich auf Deutsch geführt. Diese Vielfalt führte zu vielen Spannungen und Konflikten. Mit „Pultdeckelkonzerten" verliehen Abgeordnete ihrem Unmut Ausdruck: Durch das Hin- und Herschieben der Pultdeckel versuchten sie die Reden anderer Politiker*innen zu stören. Mark Twain gibt in *Stirring Times in Austria* (dt. „Bewegte Zeiten in Österreich") einen lebendigen Eindruck der hiesigen Parlamentsverhältnisse am Ende des 20. Jahrhunderts.

Nach dem Zerfall der Monarchie übernahm die Republik das Parlamentsgebäude, noch vor der eigentlichen Gründung des Staates. Karl Renner beschlagnahmte als provisorischer Staatskanzler das Gebäude für die Zwecke der deutschösterreichischen Regierung bereits am 2. November 1918. Von diesem Zeitpunkt an fanden die Sitzungen der Nationalversammlung nicht mehr im Niederösterreichischen Landhaus in der Herrengasse, sondern im ehemaligen Reichsratsgebäude statt. Zehn Tage später erfolgte auf der Parlamentsrampe die Ausrufung der Republik durch die Parlamentspräsidenten.

Zur Zeit des Ständestaates und des Nationalsozialismus erfuhr das Gebäude eine scheinparlamentarische Nutzung. Josef Bürckel, der Beauftragte Adolf Hitlers für die Volksabstimmung in Österreich, wurde zum Reichskommissar für die Wiedervereinigung ernannt, später war er Gauleiter und Reichsstatthalter von Wien und wählte als Dienststelle das Parlamentsgebäude. Das Parlament, Symbol für die Demokratie, wurde so zum Zentrum nationalsozialistischer Propaganda, um eine möglichst hohe Zustimmung für den „Anschluss" zu erreichen.

Im letzten Kriegsjahr wurde das Gebäude durch Bombentreffer schwer beschädigt. Das hielt die provisorische Regierung unter dem ehemaligen Staatskanzler Karl Renner nicht davon ab, bereits ihre erste Sitzung am 29. April 1945, eine Woche vor der Kapitulation der Wehrmacht, im Parlamentsgebäude abzuhalten. Der Wiederaufbau des Gebäudes dauerte bis 1956, dabei erhielten die Architekten Max Fellerer und Eugen Wörle den Auftrag, das Werk Theophil Hansens nach Möglichkeit zu bewahren, dabei aber Anpassungen vorzunehmen, die den veränderten Bedürfnissen eines modernen Parlaments Rechnung tragen. Die bereits von Hansen angestrebte technische Eigenständigkeit wurde bei der Wiederherstellung weiter verfolgt. Ziel war es, dass sich die Volksvertreter*innen auch in Krisen- und Kriegszeiten selbst versorgen können. Das Parlament verfügte daher über eine eigene Wäscherei, Tischlerei und andere Werkstätten sowie das entsprechende Personal.

Bei der Sanierung von 2017 bis 2023 wurden zahlreiche historische Bauteile wiederhergestellt, wobei gleichzeitig die Nutzfläche um 10.000 Quadratmeter erweitert wurde. Die größte architektonische Neuerung war dabei die Glaskuppel über dem Nationalratsaal, die es erstmals ermöglicht, dass Tageslicht in den Saal fällt. Die ungenutzte Fläche des Dachgeschoßes wurde ausgebaut, so dass das Restaurant Kelsen mit vier Terrassen eingerichtet werden konnte.

Für Besucher*innen wurde außerdem das *Demokratikum – Erlebnis Parlament* geschaffen.

Besonderheiten auf dem Dach

Mit dem Ziel vor Augen, das Parlament als Gesamtkunstwerk zu gestalten, hat sich Theophil Hansen auch viele Details für das Dach überlegt, obwohl nur wenige davon von der Ringstraße oder den Dachterrassen aus zu sehen sind. Für die sichtbaren Dächer wählte er antike Formen und zur Verzierung Palmetten (eine symmetrische Abstraktion eines Blattes der Fächerpalme) aus Kupferblech. Die bereits erwähnten Schornsteine, die für das Heizungssystem des Reichsratsgebäudes wichtig waren, wurden von Hansen als ionische Säulen getarnt, auf die er monumentale Zieraufsätze aus Metall setzen ließ. Auf dem Kapitell (dem oberen Abschluss der Säulen) stehen vier gusseiserne Figuren, die die Gesellen des Hephaistos, des griechischen Gottes der Schmiedekunst, darstellen. Für die Fertigung zeichnete der Bildhauer Hugo Härdtl verantwortlich.

Eine weitere Besonderheit auf dem Dach ist die Figurengestaltung an den beiden Seitengiebeln an der Ringstraßenfront. Für das Herrenhaus wurde das Thema „Justiz“ nach einem Entwurf von Hugo Härdtl gewählt. Den Entwurf für das Abgeordnetenhaus mit Thema „Innere Verwaltung“ lieferte Johannes Benk.

Kelsen Restaurant, Cantina, Bistro und Café Agora

Benannt nach dem Schöpfer der österreichischen Bundesverfassung Hans Kelsen, bietet das 2023 neu eröffnete Restaurant den ganzen Tag über warme Speisen mit Fokus auf österreichische Küche und regionale Zutaten. Im Restaurant gibt es täglich ein Mittags- und ein Abendmenü, in der Cantina ein Mittagsbuffet zur Selbstbedienung, und im Bistro werden Frühstück, Klassiker und Mehlspeisen serviert, während im Café Agora der Fokus auf Kaffeevariationen und Mehlspeisen gelegt wird. An Sonn- und Feiertagen halten alle vier geschlossen.
www.kelsen.at

JUSTIZPALAST

1., SCHMERLINGPLATZ 10

Haltestelle: Volkstheater (U3, U2Z, D, 1, 2, 46, 49, 71, 48A)

Die goldenen 1920er-Jahre bedeuteten für Österreich auch eine Zeit der Gespaltenheit und politisch motivierten Gewalt. Als im Jahr 1927 im kleinen burgenländischen Ort Schattendorf Versammlungen des sozialdemokratischen Schutzbundes wie auch der Frontkämpfervereinigung Deutsch-Österreichs stattfanden, trafen die beiden Organisationen aufeinander. Auf sozialdemokratischer Seite kamen zwei Menschen zu Tode: ein vierzigjähriger kroatischer Hilfsarbeiter und ein sechsjähriger Bub. Beim darauffolgenden Prozess wurden die mutmaßlichen Morde als Notwehr dargestellt und die Täter als „ehrenwerte" Männer bezeichnet. Es kam zum Freispruch der drei Angeklagten. Schon vor diesem Urteil waren Mitglieder nationalistischer, rechtsgerichteter Gruppen und Verbände, die Anschläge verübt hatten, freigesprochen oder zu milden Strafen verurteilt worden. Das Schattendorfer Urteil war der Tropfen, der das Fass zum Überlaufen brachte und die sogenannte Julirevolte – zahlreiche Demonstrationen in der Wiener Innenstadt – auslöste. In Erinnerung an die Aufstände, die im Justizpalastbrand gipfelten, wurde in der Aula des Justizpalastes eine Gedenktafel errichtet:

Bei gewaltsamen Auseinandersetzungen zwischen Anhängern des Republikanischen Schutzbundes und der Frontkämpfervereinigung im burgenländischen Ort Schattendorf am 30. Jänner 1927 wurden zwei unschuldige Menschen getötet. Die Täter wurden freigesprochen. Im Zuge einer gewaltsamen Demonstration gegen dieses Urteil wurde der Justizpalast in Brand gesetzt. Die Polizei erhielt Schießbefehl, und 89 Personen kamen ums Leben. Die schrecklichen Ereignisse dieser Zeit, die schließlich im Bürgerkrieg des Jahres 1934 mündeten, sollen für alle Zeiten Mahnung sein.

Vom Jusitzcafé aus stechen das Rathaus, die Votivkirche sowie die goldenen

Säulen und die Reiterfiguren des Parlaments ins Auge

Die Vorfälle erschütterten den Glauben an eine gerechte und unparteiliche Justiz in Österreich.

Das ursprünglich von 1875 bis 1881 im Stil der deutschen Renaissance errichtete Gebäude (nach Plänen von Alexander Augustin Wielemans) wurde nun in etwas veränderter Form von Heinrich Karl Ried und Alfred Keller wiederhergestellt. Sie setzten dem Justizpalast ein Oberschoß auf, was die Dachsilhouette stark veränderte, und hoben den Eingangsbereich hervor. Die späthistoristische Gestaltung des Baus zog viel Kritik durch Architekten der Moderne auf sich. Der beim Brand zerstörte Repräsentationssaal konnte nicht wiederhergestellt werden.

Im Jahr 2007 wurde das Gebäude weiter ausgebaut. Von der Straße aus nicht sichtbar, wurde es um ein weiteres Dachgeschoß aufgestockt, in dem das öffentlich zugängliche *Justizcafé* über dem Haupteingang untergebracht wurde.

Für Besucher*innen besonders sehenswert ist die Empfangshalle des Justizpalasts, ein dreigeschoßiger, glasgedeckter Arkadenhof mit einer pompösen Freitreppe, die an einer Marmorstatue der Justitia, geschaffen von Emanuel Pendl, endet. Der Zugang zum Justizpalast und zum Justizcafé steht allen (nach Durchquerung einer Sicherheitsschleuse) offen.

Heute befinden sich im Justizpalast der Oberste Gerichtshof, die Generalprokuratur, das Oberlandesgericht Wien, die Oberstaatsanwaltschaft Wien und das Landesgericht für Zivilrechtssachen Wien. Das Justizministerium ist mittlerweile im Palais Trautson untergebracht.

Justizcafé

Auf dem Dach des Justizpalasts treffen Richter*innen, Staatsanwält*innen, Mitarbeitende und natürlich Besucher*innen aufeinander. In der Kantine mit Selbstbedienung gibt es – bei bestem Panoramablick auf die Ringstraße und die Innenstadt – drei wechselnde Tagesteller sowie Speisen à la carte. Abends wird das Café zur Eventlocation.
www.justizcafe.at

HOTEL GRAND FERDINAND

EHEMALIGES BÜROHAUS VEITSCHER MAGNESIT AG

1., SCHUBERTRING 10–12

Haltestellen: Schwarzenbergplatz (D, 2, 71, 2A, 4A), Stadtpark (U4)

Einst sagenumwoben, schmutzig, unauffällig, bekannt als der Schandfleck auf der Wiener Ringstraße. Nun glänzt der schwarze Marmor wieder und darüber strahlt der helle Kalksandstein. Das denkmalgeschützte Gebäude aus den 1950er-Jahren wurde für die Neueröffnung des Hotel Grand Ferdinand bis 2015 generalsaniert und umgebaut.

Davor aber rankten sich alle möglichen Geheimnisse um das Gebäude. Von den 1990er-Jahren an bis 2011 befand sich hier der Sitz des Bundesamts für Verfassungsschutz und Terrorismusbekämpfung (BVT). Hinweise auf den Nutzer fehlten, die Jalousien waren immer heruntergelassen, Fotograf*innen, die sich für das Bauobjekt interessierten, wurden weggewiesen. Dass sich noch andere Mieter*innen im Gebäude befanden, darunter eine asiatische Rotlicht-Bar, war dem BVT immer ein Dorn im Auge. Ursprünglich wurde der Bau als Lückenfüller für im Zweiten Weltkrieg zerbombte Gebäude an der Ringstraße errichtet. Für das Bürohaus der Veitscher Magnesit AG wählte Architekt Percy Faber einen nüchternen Stahlbetonskelettbau mit Steinplattenverkleidung im unteren Geschoß. Auch Erich Boltenstein, der für seine strengen, orthogonalen Gliederungen bekannt ist und als Generalplaner des Ringstraßen-Wiederaufbaus gilt, beteiligte sich an der Planung des Gebäudes.

Der Wiener Architekt Christian Heiss zeichnete dafür verantwortlich, dass aus dem ehemaligen Bürohaus und BVT-Sitz ein glänzender Hotelbau wurde, wobei die denkmalgeschützte

Blick vom Hotel Grand Ferdinand

Aussicht vom Grand Étage auf die Karlskirche

Fassade generalsaniert wurde. Die Statik des 50er-Jahre-Hauses musste dabei komplett erneuert werden. Auch im Inneren blieben kleine Details des ursprünglichen Baus erhalten, etwa das Mosaikrelief an der Wand des Eingangsbereichs oder der Marmor der Empfangshalle.

Das Hotel Grand Ferdinand lässt nun das Vergangene fortleben. Mit teuren Suiten und Betten in Achtbettzimmern bietet das Hotel für alle Preisklassen etwas.

Meissl & Schadn

Im Restaurant Meissl & Schadn ist das Wiener Schnitzel aus der Salonküche die Spezialität, für das auch etwa einmal pro Woche ein Kochworkshop angeboten wird. Generell wird Alt-Wiener Küche serviert.

www.meisslundschadn.at

Gulasch & Söhne

Das Imbiss-Lokal Gulasch & Söhne serviert verschiedene Gulaschvariationen, Würstel und Wiener Schnitzl, ebenso Frühstück à la carte.

www.gulaschundsoehne.com

Grand Étage im Private Member's Club

Exklusiver geht es im Grand Étage zu. Auf dem Rooftop mit Blick über die Wiener Innenstadt sind tagsüber nur Mitglieder des Private Member's Club (Hotelgäste werden für die Dauer ihres Aufenthalts automatisch Mitglieder) zugelassen. Von Dienstag bis Samstag ist das Rooftop-Restaurant für alle Gäste geöffnet. Neben Frühstück, Mittag- und Abendessen wird auch ein Rooftoppool mit Bar geboten.

www.grandferdinand.com/kulinarik/#3

Südländisches Flair im Organics Sky Garden

RÖMERHOF

HYPO NOE LANDESBANK

1., WIPPLINGERSTRASSE 2

Haltestellen: Hoher Markt (1A, 3A), Stephansplatz (U1, U3, 1A, 2A, 3A), Schwedenplatz (U1, U4, D, 1, 2, 2A)

Das heutige Haus in der Wipplingerstraße wurde um die Jahrhundertwende 1899/1900 nach Plänen von Julius und Wunibald Deininger durch Baumeister Michael Schneider errichtet. Das Haus erhielt den Namen Römerhof, da im Zuge des Umbaus Reste römischer Mauern aus Bruchsteinen mit Mörtelbindung gefunden wurden.

Zu den Fundstücken im Bauschutt zählen Ziegel, Keramik, Glas und Asche aus der Römerzeit.

Im Jahr 1926 erwarb die Landeshypothekenanstalt für Niederösterreich (Hypo Noe) das Gebäude. Bis heute befinden sich hier ihre Büro- und Geschäftsräume. Die Schalterhalle wurde 1938 von Otto Schönthal gestaltet und ist nach wie vor erhalten. Schäden im Zweiten Weltkrieg führten dazu, dass der Fassadendekor reduziert wurde.

Im Zug eines Wasserleitungsbaus 1971 wurden erneut römische Bruchsteinmauern sowie Estriche entdeckt. Außerdem kamen Kellermauern aus dem Spätmittelalter zum Vorschein.

Organics Sky Garden

Die 400 Quadratmeter große Dachterrasse auf dem Römerhof ist die größte Dachterrasse im ersten Bezirk.

Ein besonderes Flair gewinnt die Bar nicht nur durch das 360-Grad-Panorama auf Wien, sondern auch durch seine Möbel, die vom italienischen Designer und Architekten Fabio Novembre stammen.

Die Pop-up-Rooftop-Bar hat von Mai bis Ende August geöffnet und bietet eine moderne Getränkeauswahl wie Organics

Blick vom Organics Sky Garden auf die Marc-Aurel-Straße

by Red Bull, neue Lillet-Drinks und Cocktails. Dazu werden kleine Snacks angeboten.

Da es sich um einen reinen Außenbereich handelt, bleibt die Bar bei Schlechtwetter geschlossen. Aktuelle Infos dazu gibt es auf der Homepage und den Social-Media-Kanälen der Bar. Der *Organics Sky Garden* kann auch für private Feiern gemietet werden.

www.organicsskygarden.com

Von der Neuen Hoheit aus scheint die Peterskirche zum Greifen nah

ROSEWOOD HOTEL VIENNA

EHEMALIGES HUBHAUS BZW. VIZEDOMHAUS

1., TUCHLAUBEN 4 (PETERSPLATZ 7)

Haltestelle: Herrengasse (U3, 1A, 2A)

Wenn wir auf die Dachterrasse hinaustreten, stehen wir inmitten eines Schachbretts. Die weißen und schwarzen Felder unter uns stellen einen Kontrast zur üppigen Bepflanzung dar. Der Blick fällt auf die Hofburg, die Michaeler- und die Peterskirche sowie den Graben.

Das Rooftop auf dem Dach hat gemeinsam mit dem Hotel im Jahr 2022 seinen Betrieb aufgenommen. Das Haus blickt auf eine deutlich längere Geschichte zurück. An der Adresse Petersplatz 7 ist bereits zu Beginn des 14. Jahrhunderts ein Haus dokumentiert. Es war das Hubhaus, Sitz des herzöglichen Hubmeisters, eines landesfürstlichen Beamten, der dafür zuständig war, die Erträgnisse der Landgüter im Herzogtum Österreich einzuheben und zu verwalten.

Ab 1498 wurden die Hubmeister durch Vizedome ersetzt, woraufhin auch das Hubhaus in Wien einen neuen Namen erhielt: Vizedomhaus. Das ursprüngliche Gebäude wurde zu Beginn des 18. Jahrhunderts durch einen Neubau ersetzt. Die Fassade wurde um etwa 1730 gestaltet, möglicherweise nach einem Entwurf von Joseph Emanuel Johann Fischer von Erlach. In den folgenden Jahren wechselte das Haus häufig den Besitzer, bis es schließlich die Polizeioberdirektion beheimatete. Ein berühmter Praktikant in eben dieser Direktion war Ludwig Anzengruber.

Auch die Adresse Graben 21 gehörte zum Gebäudekomplex. In diesem befand sich von 1819 bis 1997 die Erste österreichi-

Aussicht von der Neuen Hoheit, der Brasserie auf dem Dach des Rosewood Hotel

sche Spar-Casse. Ihr Grundgedanke war, den Bürger*innen dazu zu verhelfen, einen Notgroschen mit Ertrag für schlechtere Zeiten zurückzulegen. Diese Bank war in der ersten Hälfte des 19. Jahrhunderts das einzige Wiener Kreditinstitut, das allen Bürger*innen offenstand.

Heute ist in dem Bau aus dem 19. Jahrhundert das teuerste Hotel Wiens untergebracht: das Rosewood Vienna. Für die Pläne

Vienna – im Hintergrund der Turm der Michaelerkirche und die Kuppel der Hofburg

zur Adaptierung zum Hotel zeichneten A2K Architects, BEHF Architects und der Innenarchitekt Alexander Waterworth verantwortlich.

Blick auf die Peterskirche

Vom Rooftop des Hotels aus fällt der Blick auf die Kuppel der Peterskirche, eine der ältesten Kirchen Wiens. Die Gründungslegende besagt, dass Karl der Große auf seinem Kriegszug von Bayern bis Petronell bei Carnuntum im Jahr 791 die Peterskirche gestiftet habe. Ein Relief von Rudolf Weyr an der südöstlichen Fassade zeigt diese Geschichte.

Am wahrscheinlichsten ist, dass die Peterskirche in der Mitte des 11. Jahrhunderts vom vorbabenbergischen Stadtherrn begründet wurde. Im Jahr 1137 wurde die Kirche der kanonischen Pfarre Wien St. Stephan unterstellt.

Zweimal wurde die Peterskirche stark durch Brände beschädigt, 1276 beim großen Stadtbrand und erneut im Jahre 1327. Nach der Neuerrichtung war die Kirche kaum halb so groß wie heute und lag deutlich tiefer. Um in den dadurch sehr finsteren Innenraum zu gelangen, mussten die Gläubigen einige Stufen hinabsteigen.

Im Jahr 1700 fiel der Entschluss, die alte – inzwischen mehrfach restaurierte und adaptierte – Kirche niederzureißen und einen Neubau aufzustellen. Wer für die Pläne zuständig war, ist in der Literatur umstritten. Neben Francesco Martinelli, Franz Jänggle und Christian Oettle werden auch Gabriele Montani und Johann Lukas von Hildebrandt angegeben.

Im Zuge des Abrisses wurde ein Grundstein der ursprünglichen Kirche gefunden, der die Legende um Karl den Großen als Stifter der Kirche heraufbeschwor.

Die neue Peterskirche wurde schließlich im Jahr 1733 geweiht. Ihre äußere Erscheinung ist vor allem durch die 56 Meter hohe Kuppel geprägt. Zwei schräggestellte Türme flankieren den konkaven Mittelteil.

Neue Hoheit Brasserie & Bar

Im siebten Stockwerk des Rosewood Hotel Vienna serviert die *Neue Hoheit Brasserie & Bar* von Aperitif über Dinner bis zum Sundowner nicht nur ihre Signature-Cocktails mit Bränden aus allen Bundesländern, sondern auch klassische Küche, zubereitet aus heimischen Zutaten.

www.neuehoheit.at

HAAS-HAUS
1., STEPHANSPLATZ 12

Haltestelle: Stephansplatz (U1, U3, 1A, 2A, 3A)

Bekannt als Spiegel des Stephansdoms, abgelichtet auf unzähligen Bildern zahlreicher Tourist*innen und so mancher Wiener*innen, ist das heutige Haas-Haus – wie zuvor bereits sein Vorgängerbau – immer wieder umstritten.

Der Name stammt aus dem 19. Jahrhundert, als an dieser Stelle das Teppichhaus Philipp Haas & Söhne im Stil des Historismus errichtet wurde. Die Architekten August Sicard von Sicardsburg und Eduard van der Nüll, die zur selben Zeit die Wiener Staatsoper erbauten, gestalteten einen prunkvollen Bau in Eisenständer-Bauweise. Es war das erste große Warenhaus in Wien. Nachdem das Gebäude im Zweiten Weltkrieg zerstört worden war, wurde Anfang der 1950er-Jahre von Carl Appel und Max Fellerer ein Neubau errichtet. Es war ein für die Nachkriegszeit charakteristischer, schlichter, internationalistischer Bau, der – an diesem prominenten Standort – für zahlreiche Proteste sorgte. 1985 wurde das Gebäude abgetragen.

Doch auch der Nachfolgebau sorgte für heftige Kontroversen. Mit dem verspiegelten Erker des 1990 eröffneten Gebäudes setzte Hans Hollein einen starken städtebaulichen Akzent – und einen extremen Kontrast zum gegenüberliegenden Stephansdom. Seit 2014 befindet sich das Gebäude im Besitz des österreichischen Cateringunternehmens Do & Co.

Onyx Restaurant und Onxy Bar
Das Restaurant im sechsten Stock mit Blick auf den Stephansdom bietet asiatische Küche im Sharing-Konzept, Sushi sowie Speisen vom Robata-Grill aus der offenen Schauküche, außerdem Cocktails. Die Bar ist vorrangig Hotelgästen vorbehalten.
www.docohotel.com/vienna/de/onyx-restaurant

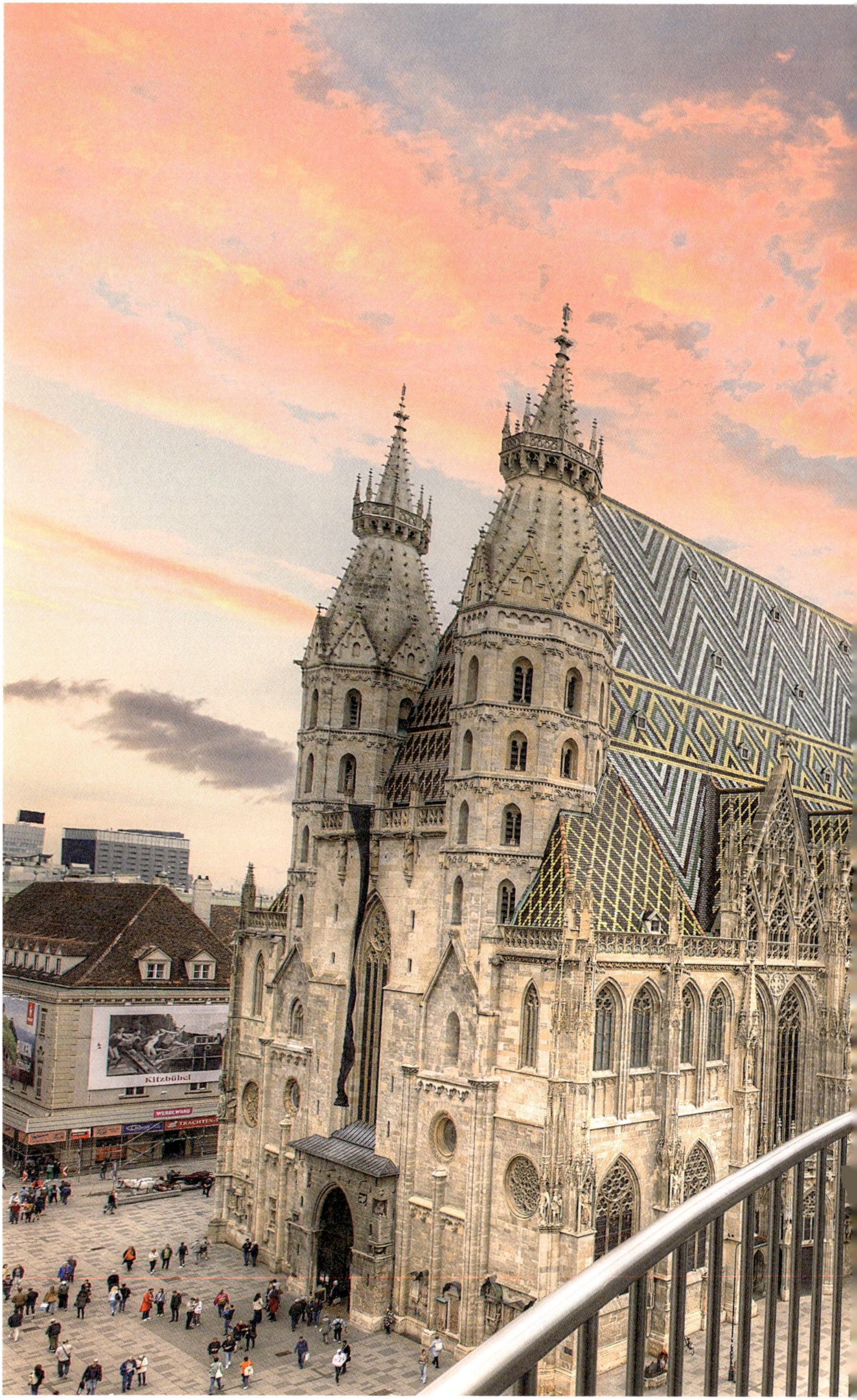

Abendstimmung in der Onyx Bar im Haas-Haus mit Blick auf den Stephansdom

KAUFHAUS STEFFL

EHEMALIGES WARENHAUS M. NEUMANN

1., KÄRNTNER STRASSE 19, RAUHENSTEINGASSE 6–8

Haltestelle: Stephansplatz (U1, U3, 1A, 2A, 3A)

Ein Blick auf den Steffl vom Steffl? Im obersten Stockwerk des ersten Wiener Department Stores ist das möglich. Dort thront die Rooftop-Bar SKY. Darunter liegen viele Jahrhunderte Geschichte.

Bereits Ende des 19. Jahrhunderts (ob 1895/96 oder 1900 ist umstritten) wurde an dieser Stelle das Warenhaus M. Neumann nach Entwürfen von Otto Wagner erbaut. Hinter der Schauseite aus Glas, weißem Marmorputz und vergoldetem Porzellan breitete sich das Herrenkonfektionsgeschäft im Erdgeschoß und den ersten beiden Obergeschoßen aus, während das dritte und vierte Stockwerk Wohnungen vorbehalten war. Bis zum September 1938 wurde das Geschäft von der Familie Neumann betrieben, ehe es der Reichsfinanzverwaltung des Deutschen Reiches einverleibt wurde, 1945 ausbrannte und 1949 abgebrochen wurde. Das Eigentumsrecht wurde an die „Neumann, Kärntnerstraße, Bekleidungs A.G." übertragen.

Carl Appel errichtete für die Firma Neumann ein neues Kaufhaus. Die Geschichte des Standorts wurde dabei dem neuen Bau einverleibt. Denn bereits vor dem Wagner-Gebäude war dieser Standort geschichtlich interessant.

Der Grund war ursprünglich von fünf verschiedenen Bauten belegt gewesen: Eines in der Kärntner Straße 19 und vier in der Rauhensteingasse. Neben jenem Haus an der Stelle der heutigen Nr. 6, in dem im Jahr 1831 Franz Grillparzer für kurze Zeit lebte, standen in der heutigen Rauhensteingasse 8 gleich drei Bauten: Das erste hatte viele Namen, etwa Zur blauen Kugel, Zur goldenen Kugel und Zum goldenen ABC. Untergebracht

Aussicht auf den Steffl vom Außenbereich der Sky Bar

Sky Bar und Restaurant im Kaufhaus Steffl

war hier unter anderem eine Bierschenke, später eine Branntweinschenke. Getrunken wurde, wie ein Trinklied verrät, nach dem ABC:

Also Freunde lasst uns trinken,
Weil noch volle Gläser winken
Trinken nach dem ABC!
Atzgersdorfer soll beginnen
Bisamberger dann uns rinnen,
Schnaps und Cognac gibt den Tee!

Das zweite Gebäude an der Adresse beherbergte gegen Ende des 18. Jahrhunderts eine Leseanstalt. Das Ensemble war komplett mit dem Kleinen Kaiserhaus, dessen Namensherkunft nicht restlos geklärt ist. Vermutet wird, dass das Haus nach der Familie Kaiser benannt war, die das Gebäude in der zweiten Hälfte des 17. Jahrhunderts besaß. Berühmt ist das Haus aus einem anderen Grund, denn hier verstarb Wolfgang Amadeus Mozart. Er bewohnte in seinem letzten Lebensjahr eine repräsentative Wohnung im ersten Stock. Seine berühmten Werke *Die Zauberflöte* und auch sein *Requiem* wurden hier komponiert. Das Zimmer, in dem er am 5. Dezember 1791 verstarb, grenzte an das Nachbarhaus, von dem er in die Himmelpfortgasse sehen konnte, da das Kleine Kaiserhaus weit in die Rauhensteingasse hineinragte.

Mitte des 19. Jahrhunderts erwarb Pietro di Galvagni alle vier Gebäude und ließ sie abtragen, um sie 1847/1848 durch einen Neubau zu ersetzen. Dieser Neubau erhielt den Namen Mozarthof. Er wurde durch Leopold Mayr nach Entwürfen von Francesco Martinelli entworfen. In Gedenken an den berühmten Komponisten ließ Galvagni eine Mozart-Büste im Stiegenhaus aufstellen. Heute ist die Gedenkbüste im ersten Untergeschoß vor der Attraktion „Mythos Mozart" zu sehen. Die Inschrift lautet:

Der Tonkunst unerreichtem Meister, der bis zum Tode hier gewohnt, weihte dieses Denkmal bei Umbau des Hauses Pietro di Galvagni, 1849.

Das Haus war noch mit weiteren sehenswerten Objekten ausgestattet, etwa mit einer Büste im Hausflur, die Gaetano Donizetti darstellte. Die Fassade zierten steinerne Brustbilder von Luigi Cherubini, Ludwig van Beethoven, Joseph Haydn, Christoph Willibald Gluck, Carl Maria von Weber und Gioacchino Rossini. Gefertigt wurden sie alle vom Bildhauer Johann Baptist Feßler. Eine Inschrifttafel informierte über die drei Häuser, die sich zuvor an diesem Standort befunden hatten.

Das heutige Gebäude wurde 1949/1950 – nach dem Abbruch des Wagner-Hauses – errichtet. Besonders auffallend waren die konkav geschwungene Fassade und die weit in das Gebäude hineinverlegte Eingangsfront, aus der sich ein offener, überdachter Eingangsbereich ergab. Die Front des seit 1961 als Steffl bekannten Warenhauses wurde 1986 durch Rudolf Vorderegger verändert. An der Fassade in der Rauhensteingasse erinnert eine Gedenktafel an den Tod Mozarts.

Neun Etagen erstrecken sich vom Untergeschoß bis in den siebenten Stock. Im Zuge einer Neugestaltung wurde die Fassade des alten Mozarthofs in die Hinterfront eingebaut. Die Fahrt im gläsernen Panorama-Außenlift bis in den sechsten Stock ist seit der Renovierung in den Neunzigerjahren möglich.

Sky Bar und Restaurant

Vom sechsten Stock führen Stufen hoch in den Himmel – in den *Sky*. Die Bar und das Restaurant, 2001 eröffnet, locken nicht nur mit umwerfendem Ausblick auf den Stephansdom. Die Corona-Zeit wurde genutzt, um die Terrasse zu erweitern und zu möblieren. Das neue Konzept vereint Bar und Restaurant.

Die Speisekarte wird zweimal im Jahr neu zusammengestellt – auch vegetarische und vegane Speisen stehen auf der Speisekarte, die sich grob in die Kategorien „Wienerisch“, „Fancy/Instagram“ und „Healthy“ einteilen lässt. Der bunte Mix an Cocktails wird durch Mocktails, also alkoholfreie Cocktails, ergänzt.

www.skybox.at

ZUM RÖMERTOR

1., LICHTENSTEG 2

Haltestellen: Stephansplatz (U1, U3, 1A, 2A, 3A), Schwedenplatz (U1, U4, D, 1, 2, 2A)

Einst endete Vindobona hier, doch nichts ist übrig vom Osttor des Römerlagers, nur der Name des Gebäudes erinnert daran. Und dass hier einst Wiens Außengrenze war, ist selbst vom Dach aus kaum zu erkennen. Während sich die Innenstadt in nächster Nähe ausbreitet, kann von hier aus bis an die fernen Enden der Stadt geblickt werden.

Erstmals urkundlich erwähnt wurden Vorgängerbauten an dieser Stelle bereits Mitte des 14. Jahrhunderts. Das heutige Gebäude stammt aus der Zeit des „schwarzen Wien“, also aus der Zeit zwischen 1934 und dem „Anschluss“, als die Christlichsoziale Partei in Wien das Sagen hatte. Es gehört zu den 55 Geschäfts- und Wohnbauten, deren Errichtung vom Wiener Assanierungsfonds unterstützt wurden. Dieser Fonds existierte von 1934 bis 1938 und zielte darauf ab, private Bautätigkeiten anzukurbeln – als Gegenbewegung zu den Gemeindebauprogrammen des Roten Wien. Architektonisch kennzeichnend für die Assanierungsbauten ist ein funktionell-nüchterner, sachlicher Stil, wie auch bei den späten Gemeindebauten der frühen 1930er-Jahre. Die Architekten waren größtenteils dieselben. Kunst-am-Bau an den Gebäuden konstruierte eine historische Kontinuität von Erinnerungsräumen. Abgebildet wurden vorwiegend Motive der christlichen Mythologie, lokale Berufe und Sagen.

Der Abriss des Vorläufer-Bauwerks im Jahr 1935 durch die Allgemeine Baugesellschaft Porr ermöglichte einen Neubau. In Rekordzeit von sieben Monaten wurde 1935 das Gebäude mit der Bezeichnung Zum Römertor nach Entwürfen von Heinrich Schmid und Hermann Aichinger gebaut. Das Hauszeichen mit

Aussicht vom Lamée Rooftop auf das Lugeck

der Inschrift *„Im ersten Jahrhundert unserer Zeitrechnung stand hier die Porta principalis dextra, ein Haupttor des roemischen Lagers“* ist nicht mehr erhalten.

Der siebenstöckige Neubau wurde als geschweißter Stahlskelettbau ausgeführt, eine Technik, die in Wien hier erstmals verwendet wurde. Der Platzmangel auf dem kleinen Grundstück ließ die Architekten kreativ werden. Die Obergeschoße ragten bis zu zwei Meter in den Straßenraum hinein. Nur das oberste Stockwerk ist wieder schmäler und mit einer Dachterrasse ausgestattet.

Von dieser hat man einen wundervollen Blick auf Nah und Fern. Direkt unterhalb zum Beispiel liegt das Lugeck, dessen Platzname schon seit 1504 dokumentiert ist. Bei den ältesten urkundlichen Nennungen aus dem Jahr 1328 hatte der Platz den Namen *Unter den Fleischbänken bei St. Stephan*. Der Platz diente als Alarmplatz für die Bewohner*innen des Stubenviertels, er war eine von vier Stätten, an denen öffentliche Anschläge ausgehängt wurden, und 1529 beherbergte er vorübergehend einen Galgen für Plünderer, die hier hingerichtet wurden. Die letzten Fleischbänke wurden Anfang des 18. Jahrhunderts erwähnt.

Heute kann man beim Blick auf das Lugeck vor allem Tourist*innen beobachten. Inmitten des Platzes steht seit 1900 außerdem ein *Gutenberg-Denkmal*, geschaffen von Hans Bitterlich (Bronzestandbild) und Max Fabiani (Sockel). An der Rückseite des Sockels ist das sogenannte Buchdruckerwappen zu sehen.

Lamée Rooftop

Cocktails, Spritzer-Variationen, hausgemachte Limonaden, Weine vom Bioweingut Lenikus locken, gepaart mit dem fantastischen Ausblick und dem Sommerfeeling, in die Lamée Rooftop-Bar. Das farbenfrohe Mobiliar und die bunten Sonnenschirme sorgen für fröhliche Stunden.

www.lameerooftop.com

THE ROCK

HOTEL RADISSON RED VIENNA

2., OBERE DONAUSTRASSE 61

Haltestelle: Schottenring (U2, U4, 1, 31, U2Z, 3A)

Aus der Ferne scheint es, als stünden Gewächshäuser auf dem Dach des erst 2021 errichteten Hotels. Die weiße Fassade mit den gold-bronze verspiegelten Fenstern weckt gemischte Gefühle. Während das Architekt*innenteam vom Grazer Büro Innocad für *The Rock*, wie das Gebäude heißt, mit dem European Property Award 2022–2023 und dem Hotel Design Award 2022 ausgezeichnet wurde, trauern so manche dem verlorenen Gründerzeithaus nach.

Das 1868 erbaute Zinshaus hatte eine reich gegliederte, frühhistoristische Fassade, Runderker, Pilastergliederung und Vierpfeilerstiege. Da es sich allerdings gerade außerhalb der Schutzzone im zweiten Bezirk befand, konnte es 2008 ohne größere Umstände abgerissen werden. Danach lag das Grundstück rund zehn Jahre lang brach und diente lediglich als Parkplatz, bevor das neue Gebäude errichtet wurde. Der ursprünglich angedachte Name Eisberg, aufgrund der weißen Fassade mit rautenförmiger Aluminiumverkleidung, die sich über die vertikalen Gebäudekanten faltet, konnte sich nicht durchsetzen.

Seit 2022 hält nun das Radisson RED Vienna als Lifestyle-Hotel seine Tore für junge und junggebliebene Geschäfts- und Städtereisende offen. Die auf dem Dach befindlichen Aufbauten in Gewächshaus-Optik beherbergen eine Rooftop-Bar, von der aus der Blick einerseits über Wien streift, andererseits auf das 24 Meter hohe Graffiti im Innenhof fällt, das von den Mitarbeitenden den inoffiziellen Namen Diversität Wiens (Künstler*in leider unbekannt) bekommen hat. Über die Bar spannt sich eine leichte, schwebende Textildecke, die an Zeltplanen erin-

Aussicht von der Istros Bar des Radisson RED Vienna auf den Donaukanal

nert, und versetzt die Gäste in Glamping-Urlaubs-Stimmung, die durch die Liegestühle im Außenbereich weiter verstärkt wird.

Istros Bar & Sarāī Restaurant

Benannt nach dem antiken Namen der Donau bietet das *Istros* einen perfekten Blick auf den Donaukanal und darüber hinaus auf die Dächer der Wiener Innenstadt. Cocktails und Craft-Biere ergänzen lokale Gerichte und diverse Snacks zum Teilen. Die Rooftop-Bar hat ab Nachmittag geöffnet.

Ganztägige Verköstigung gibt es im Radisson RED im *Sarāī* mit internationaler Küche von Japan über Korea bis Italien.
www.radissonhotels.com/de-de/hotels/radisson-red-vienna/restaurant-bar

Außenbereich der Istros Bar im Dachgeschoß des Radisson RED Vienna

PRATER GLACIS

HOTEL SUPERBUDE

2., PERSPEKTIVSTRASSE 8

Haltestellen: Messe – Prater (U2, 82A), Praterstern (U1, U2, O, 1, 2, 5, 5B, 82A, Züge, S-Bahn)

Beim Blick vom Dach des Hotels Superbude auf den Prater können wir die Zuckerwatte beinahe riechen, das Kinderlachen fast schon hören, das Kreischen der Menschen auf den zahlreichen Fahrattraktionen im Wurstlprater, die Ahs und Ohs aus dem Riesenrad (S. 200). Das Prater Glacis (Perspektivstraße 4–10) bot sich als Hotelstandort aufgrund der Lage direkt am Prater perfekt an. 2021 wurden daher am Areal die drei Hotellerie-Konzepte von Hampton by Hilton, Superbude und ZOKU umgesetzt.

Die Superbude ist ein Hamburger Unternehmen, das sich zwischen Hotel und Hostel positioniert. Für ihren ersten Standort in Österreich wurde das Gefühl der Superbude von Gerd Zehetner (archiguards) und Laura Karasinski (Atelier Karasinski) ins Wienerische übersetzt.

Café Brenner
Im Erdgeschoß der Superbude kann den ganzen Tag über gefrühstückt werden. Neu interpretierte Wiener Klassiker locken genauso wie gemütliche Couches und bunte Veranstaltungen.
www.superbude.com/hotel-wien/prater/brenner/

Neni am Prater
Auf dem Dach der Superbude serviert das *Neni* levantinische Speisen wie Sabich-Sauerteig-Focaccia, Lachs-Sashimi oder Lammkarree vom Holzkohlegrill. Wer gerne teilt und einfach alles probieren möchte, bestellt das Balagan-Menü – hierbei werden verschiedene Neni-Gerichte für den ganzen Tisch serviert.
neni.at/restaurants/prater/

Blick vom Neni am Prater im Hotel Superbude auf das Toboggan

DESIGN TOWER

SO/ VIENNA HOTEL

2., PRATERSTRASSE 1

Haltestellen: Gredlerstraße (2), Schwedenplatz (U1, U4, D, 1, 2, 2A)

Mit Blick auf den Donaukanal, die Urania und über die gesamte Innenstadt hinweg ist das *loft* – die Bar im Dachgeschoß des Design Towers – in jedem Fall einen Besuch wert. Das Gebäude, in dem es sich befindet, ist allerdings höchst umstritten.

Der *Design Tower,* nach Plänen des französischen Architekten Jean Nouvel (daher auch der zweite Name *Nouvel-Tower)* errichtet, wurde 2010 eingeweiht. Bauherr und Eigentümer ist die Uniqa Versicherung AG, Hauptnutzer das Hotel SO/ Vienna, besser bekannt als Sofitel Vienna Stephansplatz. Damit kehrt dieser Ort zu seiner ursprünglichen Geschichte der Fremdenbetten zurück. Bereits 1591 befanden sich an dieser Stelle der Einkehrgasthof Zum goldenen Lamm und das Hotel Zum weißen Schwan, die zur Weltausstellung 1873 zum späteren Hotel Continental zusammengeführt und ausgebaut wurden. Das Gebäude wurde im Zweiten Weltkrieg schwer beschädigt und nicht wieder aufgebaut.

Erst der Design Tower führte das Grundstück zurück zur touristischen Nutzung. Von 1962 bis 2006 stand hier das Gebäude der Bundesländer-Versicherung, die später zur Uniqa wurde. Die Pläne für die Stahl-Glas-Konstruktion stammten von Georg Lippert. Von 1999 bis 2004 hatte die Uniqa-Versicherung hier ihren Hauptsitz. Mit Fertigstellung des Uniqa Towers fiel die Entscheidung, das alte Gebäude durch ein neues Hotel- und Geschäftsgebäude zu ersetzen. Aus dem zweistufigen Architektenwettbewerb ging Jean Nouvel als Sieger hervor. Er entwarf ein mehrgeschoßiges Sockelbauwerk mit Turm, der sich leicht nach links – zur Taborstraße hin – zu neigen scheint. Das Gebäude sollte so gemeinsam mit dem Gegenstück auf der an-

Aussicht vom SO/ Vienna Hotel

Spektakulärer Blick vom loft; an der Restaurantdecke ist die Lichtinstallation

'on Pipilotti Rist zu sehen

deren Seite (den von Hans Hollein errichteten Generali Media Tower) optisch ein Portal zur Leopoldstadt bilden.

Ob dies gelungen ist, wird in der Wiener Architekturkritik divergent diskutiert. Auffallend ist das Gebäude jedenfalls bei Nacht, denn die Lichtinstallation von Pipilotti Rist an der Restaurantdecke im 18. Stockwerk leuchtet hell und farbenfroh über den Donaukanal und bildet einen starken Kontrast zu dem ursprünglich minimalistisch gehaltenen Farbkonzept des Gebäudes in Weiß-, Grau- und Schwarztönen. 2018 wurde die Fassade durch Gregor Eichinger mit Farbakzenten erweitert und durch neu interpretierte Themen und Motive der Wiener Geschichte ergänzt.

Das loft

Im vollverglasten 18. Stock des SO/ Vienna bietet das *loft* innovative, internationale Küche mit wechselnden Menüs, Weine mit Schwerpunkt auf Österreich und Frankreich und diverse Drinks. Sonntags gibt es beim Sunday Unplugged Brunch Live-DJs. Am Wochenende wird das loft bis zwei Uhr nachts zum Dancefloor.

www.dasloftwien.at

KAUFHAUS GERNGROSS

7., MARIAHILFER STRASSE 42–48

Haltestelle: Neubaugasse (U3, 13A, 14A)

Auf Augenhöhe mit der Mariahilfer Kirche, den Blick über die Dächer Wiens schweifen lassend, finden Kauffreudige hier eines der schönsten Plätzchen, um dem Einkaufserlebnis auf der Mariahilfer Straße eine kleine Pause zu gönnen. Das Kaufhaus Gerngross blickt auf eine über 140 Jahre lange Geschichte zurück.

Alfred Gerngross, aus der Nürnberger Gegend nach Wien gezogen, eröffnete im Jahr 1879 ein Stoffgeschäft in Mariahilf. Innerhalb weniger Jahre entwickelt sich das Tuchwarengeschäft zu einem Gemischtwarenhandel und schließlich zum größten Kaufhaus der Monarchie. Das kleine Geschäft an der Ecke Kirchengasse/Mariahilfer Straße wurde laufend um die Nachbarhäuser in der Mariahilfer Straße erweitert. Von 1902 bis 1904 wurde das erste große Gerngross-Warenhaus nach Vorplanung von Ferdinand Fellner II und nach Plänen von Ferdinand (Ferry) Fellner III, der vor allem für die Außenfassade zuständig war, und Hermann Helmer errichtet. Stilistisch orientierte sich das Bauwerk mit seiner Metall-Glas-Fassade am westeuropäischen Jugendstil.

Im Jahr 1911, drei Jahre nach dem Tod von Alfred Gerngross, wurde die Firma in eine AG umgewandelt. Der Aufschwung des Warenhauses wurde erst durch den Ersten Weltkrieg gestoppt.

Im Dezember 1932 kam es zu einem Terroranschlag: Nationalsozialisten ließen Tränengas- und Stinkbomben im Kaufhaus hochgehen. Der „Anschluss" Österreichs führte zur „Arisierung" des Kaufhauses. Alle Mitglieder der Gerngross-Familie mussten fliehen.

Im Zuge des Restituierungsverfahrens 1947 konnte Paul Gerngross die Geschäftsführung wieder übernehmen. Es folg-

Außenbereich des Brandauer Restaurants in der Mariahilfer Straße – Pfarrkirche

Mariahilf zum Greifen nah

te eine zweite Hochblüte in den 1950er-Jahren. 1957 entschloss sich die Familie, das Kaufhaus zu verkaufen. In der Folge gab es verschiedene Eigentümer.

In den 1960er-Jahren wurde das ursprüngliche Fellner-Gebäude durch einen Neubau nach Plänen von Adolf Wölzlich ersetzt. Ein Umbau erfolgte in den 1990er-Jahren. Mit der Verbindung der fünf Etagen durch Rolltreppen, der Glaskuppel und dem Glaserker, durch die Tageslicht in die Verkaufsräume strömte, kehrte das Gebäude zum klassischen Kaufhaus zurück. Der Haupteingang wurde hierbei in die Mariahilfer Straße verlegt.

Die nächsten Umbauarbeiten wurden 2010 durchgeführt, um die unübersichtlichen Flächen mit verwirrender Wegführung des 90er-Jahre-Konzepts aufzulösen. Das Grazer Architekturbüro Love Architecture and Urbanism gestaltete dabei nicht nur den 52.000 Quadratmeter umfassenden Innenraum neu, sondern veränderte auch die Fassade. Die Formen der großformatigen, amorphen Farbflächen zeigen die Flächenstruktur des Grundrisses. Vor den Farbfeldern wurde eine semitransparente Struktur aus weißem Metallblech montiert. Die dreidimensionalen, blütenartigen Formen bilden ein regelmäßiges ornamentales Muster. Das Ziel dabei war, einen Ausblick aus dem Geschäft auf den Straßenraum zu ermöglichen und gleichzeitig einen Sonnenschutz zu generieren. Von außen nimmt die Fassade verschiedene Farben an – je nach Blickwinkel erscheint sie als weiße, ornamentale Fläche oder aber golden-gelb, wie es der Hintergrundfarbe entspricht. In der Nacht ist der Raum zwischen Metallstruktur und Farbfläche beleuchtet. Einzelne Fassadenbereiche, etwa der Haupteingang, wurden mit einem weißen Rahmen versehen.

Brandauer Restaurant

Das Bierlokal im fünften Stock des Kaufhauses Gerngross serviert traditionelle österreichische Schmankerl und internationale Spezialitäten. Besonders schön sitzt es sich auf der Dachterrasse mit Blick über Wien oder auch auf dem großen Terrassenbalkon in Richtung Kirchengasse.

Da das Brandauer auch beim Projekt *Too Good To Go* mitmacht, werden abends über die App nicht-verkaufte Lebensmittel zu einem reduzierten Preis angeboten.

www.bierig.at/gerngross

Blick auf die Mariahilfer Kirche

Besonders auffallend beim Blick von der Dachterrasse ist die Mariahilfer Kirche, eine Pfarr- und Wallfahrtskirche, die erstmals im 17. Jahrhundert als hölzerne Friedhofskapelle erbaut wurde. Der Barnabit Don Cölestin Joanelli schenkte der Kirche im Jahr 1660 ein Mariahilfbild, eine Kopie des auf dem Mariahilfer Berg zu Passau verehrten Gnadenbildes, das zu einem intensiven Wallfahrtswesen zu der kleinen Kapelle führte. Im Jahr 1668/69 wurde deshalb die Holzkapelle durch einen steinernen Kirchenbau ersetzt, der aber schon einige Jahre später, im Zuge der Zweiten Wiener Türkenbelagerung 1683, wieder zerstört wurde. Das Gnadenbild konnte nach St. Michael in Sicherheit gebracht werden und kam später wieder in die zwischen 1686 und 1689 von Sebastian Carlone dem Jüngeren neu errichteten Mariahilfer Kirche zurück. Ihr heutiges Erscheinungsbild erhielt die Kirche im Jahr 1711 durch den Umbau nach Plänen von Franziskus Jänckl.

25HOURS HOTEL

7., LERCHENFELDER STRASSE 1–3

Haltestellen: Volkstheater (U3, U2Z, D, 1, 2, 46, 49, 71, 48A), Auerspergstraße (46)

Die gelben und orangefarbenen Glühbirnen vermitteln auf der Terrasse ein beständiges Sonnenuntergangsfeeling, im Inneren herrscht gemütliches Wohnzimmerflair, die Aussicht in Richtung Ringstraße mit Parlament (S. 84) auf der einen und dem Kunsthistorischen und Naturhistorischen Museum (S. 18) auf der anderen Seite beziehungsweise, ganz nah, auf das benachbarte Palais Trautson, in dem das Justizministerium untergebracht ist, lässt nichts zu wünschen übrig.

Das ehemalige Studentenheim am Weghuberpark empfängt heute als 25hours Hotel seine Gäste mit lebendigen Farben, individuellen Vintage-Fundstücken und exklusiven Tapeten des Berliner Illustrators Olaf Hayek. Die Innengestaltung stammt vom Augsburger Designteam Dreimeta um Armin Fischer.

Das Gebäude aus den 1970er-Jahren wurde ursprünglich von Architekt Kurt Schlauss als klassischer Stahlbetonskelettbau mit liegender Fassadenstrukturierung und gleichmäßiger Fensterteilung erbaut. Im Zuge der Revitalisierung wurden dem Gebäude drei neue Geschoße als Glaskörper aufgesetzt, wobei die neue Fassade an die klare Gliederung des Bestandes anknüpft. Seit 2013 steht neben dem Zubau auch das ursprüngliche Gebäude als Hotelbereich zur Verfügung, zuvor war es als Studentenheim geführt worden. Für die Hotelnutzung wurde der Bestandsbau adaptiert und die Fassade unter Beibehaltung der ursprünglichen Elemente akzentuiert. Das Ergebnis kann sich sehen lassen: Die prägnante schwarze Fassade setzt sich kontrastreich von der Nachbarschaft ab.

Für alle Retro-Fans: In der Lobby des Hotels gibt es eine Schwarz-Weiß-Fotostreifen-Box. Die Entwicklung der Bilder

Aussicht vom Dachboden auf das Parlament und die Minoritenkirche

Sonnenuntergang im 25hours Hotel mit Blick Richtung Rathaus

dauert ein Weilchen, aber dafür kann mittels Bildschirm dabei zugesehen werden. Eine zweite Fotobox befindet sich in der *Dachboden*-Bar.

Ribelli Restaurant

Im Erdgeschoß des Hotels befindet sich das Restaurant Ribelli, in dem Antipasti aus der hauseigenen Salumeria sowie neapolitanische Pizzen und Ofengerichte serviert werden.
www.ribelli-restaurant.com

Dachboden

Tagsüber ein gemütlicher Co-Working-Space mit ruhiger Atmosphäre oder eine Lounge zum Ausspannen, verwandelt sich der *Dachboden* ab 15 Uhr in eine Bar mit Dachterrasse. Der Blick reicht über den Weghuberpark auf das Parlament (S. 84) und bei guter Sicht bis zu den Weingärten Klosterneuburgs. Zu trinken gibt's lokale und individuelle Cocktails, Highballs und exklusive Gin-Sorten. Für den kleinen Hunger werden herzhafte und süße Snacks gereicht.
www.dachbodenwien.at

DER ANDERE BLICK

Blick auf die Fenster im Marmorsaal des Belvedere

AUS DEN FENSTERN

Der Ausblick aus Fenstern hat seinen ganz eigenen Reiz. Ganz oben, etwa im Ringturm (S. 155), der höchsten Aussichtsplattform in der Inneren Stadt (abgesehen vom Stephansdom, S. 25), oder in Transdanubien in der Circle-Lounge des Peak Vienna (S. 168), erlauben schützende Glasfronten, sich ganz nah heranzuwagen, ohne von Schwindelgefühl erfasst zu werden. Ande-

re Fenster dienen als Rahmen für die Aussicht. So bietet jene im Pausenfoyer des Burgtheaters (S. 146) beste Sicht auf das Wiener Rathaus und das Fenster im Marmorsaal des Oberen Belvedere (S. 163) auf die Gärten hinab. Vom Haus der Musik (S. 149) aus streift der Blick über die Dächer der Innenstadt und aus den Fenstern des Palais Pálffy (S. 154) sehen wir direkt auf den Josefsplatz.

BURGTHEATER

1., UNIVERSITÄTSRING 2

Haltestellen: Rathausplatz, Burgtheater (D, 1, 71, U2Z), Schottentor (U2, D, 1, 37, 38, 40, 41, 42, 43, 44, 71, U2Z, 1A, 40A)

Ein neues Zeitalter der Schauspielkunst brach an, als Kaiserin Maria Theresia im Jahr 1741 ein leerstehendes Ballhaus für die Verpachtung an Schauspielertruppen zur Verfügung stellte. 1776 – unter der Mitregentschaft von Joseph II. – wurde dieses zum *Teutschen Nationaltheater* unter der Administration des Hofes, der auch für die Finanzierung sorgte. Ende des 18. Jahrhunderts wurde das Theater zum *K. K. Hoftheater nächst der Burg*. Eine Wiener Institution war geboren.

Mit dem Abriss der Stadtmauer wurde auch der Michaelertrakt der Hofburg neu geplant – dort, wo sich das alte Burgtheater befand. Ein neuer Bau für das Theater musste her! Dieser wurde als letzter Prunkbau zur Neugestaltung der Ringstraße geplant und nach 14-jähriger Bauzeit im Jahr 1888 eröffnet. Für die Pläne und Gestaltung zeichneten Gottfried Semper und Carl von Hasenauer verantwortlich. Die figural geschmückte Fassade zeigt berühmte Gestalten aus der Weltliteratur und personifizierte Gefühle und Eigenschaften wie Liebe, Hass, Demut und Herrschsucht aus verschiedenen Dramen. In der Mitte der Balustrade thront Apollo mit den beiden Musen Melpomene und Thalia. Zur Eröffnung des neuen Theaterhauses wurden Franz Grillparzers *Esther* und Friedrich Schillers *Wallensteins Lager* gezeigt.

Im Jahr 1918 wurde das ehemalige Hoftheater in die Hände des Staates gelegt. Während des Zweiten Weltkriegs kam es zu gravierenden Schäden durch Bombeneinschläge und zu einem Brand. Das Ensemble bespielte vorübergehend das Etablissement Ronacher. Das erste Stück auf der Ausweichbühne, Grillparzers *Sappho*, wurde am 30. April 1945 aufgeführt. Der Wie-

Fensterblick auf das Rathaus aus dem Pausenfoyer des Burgtheaters

deraufbau des Burgtheaters erfolgte zwischen 1948 und 1955 nach Plänen von Michel Engelhart, der sich in der Ausschreibung durchsetzen konnte. Im Zuge der Restaurierung konnten akustische Mängel und schlechte Sichtverhältnisse beseitigt werden, wobei auf den Bestand größte Rücksicht genommen wurde; auch wurde hohen technischen Standards Rechnung getragen. Das ursprüngliche Belüftungssystem aus 1888, das Frischluft aus dem Volksgarten zuführt, blieb erhalten, so dass auch heute die Theaterbesucher*innen während der Rosenblüte in den Genuss des Rosendufts kommen.

1955 konnte das Burgtheater wieder bespielt werden. Die erste Aufführung war Mozarts *Eine Kleine Nachtmusik*.

Mit über tausend Sitz- und zusätzlichen Stehplätzen bietet der Zuschauerraum des Burgtheaters Platz für rund 1340 Zuschauer*innen. Damit zählt es zu den größten Schauspielhäusern Europas.

Den aktuellen Spielplan sowie Führungstermine gibt es auf *www.burgtheater.at*.

Fensterblick aufs Rathaus

Im Rahmen von Führungen oder in der Pause einer Aufführung haben Besucher*innen die Möglichkeit, einen Blick aus dem Fenster des Pausenfoyers direkt auf das direkt gegenüberliegende Wiener Rathaus zu werfen. Auf dessen Turmspitze thront der berühmte Wiener Rathausmann. Er ist ein in Kupfer getriebener, dreieinhalb Meter hoher Wiener Standartenträger. Auf ausdrücklichen Wunsch Kaiser Franz Josephs I. sollten die Rathaustürme nicht höher sein als jene der Votivkirche. Um diese Höhenbegrenzung zu umgehen, wurde der Rathausmann angebracht. Mit der Standarte (einer kleinen, viereckigen Fahne einer Truppe) ist das Rathaus dann doch etwas höher als die Votivkirche ausgefallen. Die ersten Entwürfe für die Figur stammen von Friedrich Schmidt, das Gipsmodell wurde von Franz Gastell entworfen. Für die Ausführung war Alexander Nehr zuständig. Das Dach des Rathauses ist leider nicht öffentlich zugänglich.

HAUS DER MUSIK

EHEMALIGES ERZHERZOG-CARL-PALAIS

1., SEILERSTÄTTE 30

Haltestellen: Schwarzenbergplatz (D, 2, 71, 2A, 4A), Karlsplatz (U1, U4, D, 1, 2, 62, 71, U2Z, 2A, 4A, 59A, Badner Bahn)

Klänge, Töne, Melodien, Geräusche – im Haus der Musik gibt es so einiges zu hören und zu entdecken. Auf vier Stockwerken wird Besucher*innen alles rund um die Musik, die Wiener Philharmoniker und die Wiener Musikgeschichte auf interaktive, spielerische Art nähergebracht. Darüber liegt die zweigeschoßige Veranstaltungslocation des Dachgeschoßes mit Panoramablick über die Dächer Wiens.

Das Gebäude stammt aus dem 16. Jahrhundert, als hier das kaiserliche Gießhaus untergebracht wurde. Im 18. Jahrhundert beheimatete es das Versatz- und Fragamt, den Vorläufer des heutigen Dorotheums. Ein Jahrhundert später erwarb Erzherzog Carl das Gebäude und ließ es zu einem Palais umbauen, was dem Gebäude den Namen Erzherzog-Carl-Palais gab.

Einer der bekanntesten Bewohner des Gebäudes war Otto Nicolai, der hier 1841 eine Wohnung bezog. Nicolai arbeitete einerseits als Komponist – so entstammt die Oper *Die lustigen Weiber von Windsor* seiner Feder – und andererseits als Dirigent, der 1842 die Wiener Philharmonischen Konzerte initiierte. Er gilt somit als Gründer der Wiener Philharmoniker. Heute erinnert eine Gedenktafel an der Fassade in der Seilerstätte daran.

Im Jahr 1904 ging das Gebäude in bosnisch-herzegowinischen Staatsbesitz über, 1923 an das Königreich der Serben, Kroaten und Slowenen. Unter der NS-Herrschaft kam das Gebäude in den Besitz der Reichsfinanzverwaltung des Deutschen Reiches. 1948 wurde es in das Eigentum der Föderativen Volksrepublik Jugoslawien übergeben.

Aussicht vom Dachgeschoß im Haus der Musik

Nach einem Umbau 1965 durch Josef Krawina beherbergte das geschichtsträchtige Gebäude ein internationales Kulturzentrum mit dem Theater im Palais Erzherzog Carl und einem Studentenheim. Ein weiterer Umbau erfolgte 1998.

Seit 2000 wird es als Haus der Musik genutzt. Dieses geht vor allem auf die musikalische Vergangenheit des Gebäudes ein. Im ersten Stockwerk befindet sich das Museum der Wiener Philharmoniker zusammen mit ihrem Archiv historischer Schätze langjähriger Musikgeschichte. Das zweite Stockwerk lässt Besucher*innen mit Klängen und Musik experimentieren. In der dritten Etage widmet sich das Haus der Musik großer Komponisten wie Joseph Haydn, Wolfgang Amadeus Mozart, Ludwig van Beethoven, Franz Schubert, Johann Strauss (Sohn) und Gustav Mahler. Zu guter Letzt gibt es im vierten Stock die Möglichkeit, als virtuelle*r Dirigent*in die Wiener Philharmoniker zu dirigieren und sich im *Raum der Stille* nach all den Klangeindrücken eine Auszeit zu gönnen.

Architektonisch sind vor allem die Barockportale in der Seilerstätte sowie das Portal mit Balkon und das klassizistische Stiegenhaus in der Annagasse hervorzuheben.

Das Dachgeschoß

Das oberste Stockwerk ist ein Veranstaltungsraum auf zwei Ebenen, der für private Veranstaltung gebucht werden kann. Auch zahlreiche öffentliche Events finden hier statt, im Zuge derer Besucher*innen die Möglichkeit haben, den Blick aus dem Fenster über die Dächer Wiens gleiten zu lassen.

Informationen zu den Ausstellungen und Konzerten finden sich auf *www.hausdermusik.com*.

Der Josefsplatz – gesehen von einem Fenster des Palais Pálffy aus

VON
GÄRTEN
Prunksaal

PALAIS PÁLFFY

1., JOSEFSPLATZ 6

Haltestellen: Albertinaplatz (2A), Stephansplatz (U1, U3, 1A, 2A, 3A)

Weiße Pferde im weißen Schnee, Rauchschwaden, die dahinter aufsteigen, und lichterlohe Flammen. Von den Fenstern des Palais Pálffy gab es einen Erste-Reihe-Platz mit Blick auf den Brand in den Redoutensälen der Hofburg. Mitten in der Nacht vom 26. auf den 27. November 1992 wurden die Lipizzaner aus Angst, die Ställe könnten Feuer fangen, auf den Josefsplatz und dann weiter in den Volksgarten in Sicherheit gebracht, zum Teil von Passant*innen. Für das Palais Pálffy war dieser Brand jedoch nur ein Ereignis von vielen, blickt es doch auf eine lange Geschichte zurück. Als Baujahr wird 1575 vermutet. Der Name kommt von der Fürstenfamilie Pálffy, die im 17. Jahrhundert zur Besitzerin wurde. In der musikalischen Tradition des Hauses traten zahlreiche berühmte Musiker auf, allen voran Wolfgang Amadeus Mozart, der hier in privatem Rahmen seinen *Figaro* aufgeführt haben soll – noch vor der offiziellen Erstaufführung im Hofburgtheater im Jahr 1786.

Das Innere des Palais wurde erstmals 1875 umgestaltet. Nach Beschädigungen im Zweiten Weltkrieg erfolgte mit staatlicher Unterstützung ein Umbau im Stil der 1950er-Jahre, so dass das Haus als Veranstaltungszentrum für Kongresse genutzt werden konnte. Das heutige Erscheinungsbild zeigt außen ein Stück altes Wien, während innen ein Stilmix aus Klassizismus, 20. Jahrhundert und modernem, zeitgenössischem Design herrscht.

Besichtigungen mit dem Fensterblick auf den Josefsplatz sind im Rahmen der zahlreichen und vielfältigen Events möglich. Die Säle können auch von Privatpersonen für Veranstaltungen gemietet werden.

Das Veranstaltungsprogramm wird auf www.*palais-palffy.com* bekanntgegeben.

RINGTURM

1., SCHOTTENRING 30

Haltestelle: Schottenring (U2, U4, 1, 31, U2Z, 3A)

Ein Symbol des Fortschritts, des wirtschaftlichen Aufschwungs, des Wiederaufstiegs Wiens zur Weltstadt nach dem Zweiten Weltkrieg – all das, und noch vieles mehr, repräsentiert der Ringturm. Mit seinen 73 Metern zählte er bei seiner Fertigstellung 1955 zu den höchsten Gebäuden Europas. Er markierte die Wiedererlangung der Souveränität Österreichs und zeigte als erstes Wiener Bürohochhaus seiner Zeit deutlich die Orientierung an der USA und der kapitalistischen Wirtschaftsordnung.

Aus technischer Sicht war der Bau innovativ. Der Stahlskelettbau wurde mit extrem schlanken Pfeilern verstärkt, was eine bautechnische Meisterleistung des Architekten Erich Boltenstern darstellte. Auf dem Dach wurde ein Wetterleuchtturm verankert, der es um zwanzig Meter überragt und bis heute mittels Lichtzeichen eine Wettervorhersage auf Basis der Daten der Zentralanstalt für Meteorologie und Geodynamik gibt. Um zu verhindern, dass der Turm Windschwingungen auf die Konstruktion überträgt, wurde eine neue Verankerung mit einer Federung entwickelt.

Der Ringturm besteht aus zwanzig Stockwerken und wurde im Auftrag der Wiener Städtischen Versicherungsanstalt errichtet. Nach Fertigstellung fand außerdem die Generaldirektion der Wiener Stadtwerke hier ihren Sitz.

Bei den Renovierungsarbeiten von 1988 bis 1993 wurde vor allem die Fassade verändert. Außerdem wurden die Repräsentationsräume im 19. und 20. Stock umgebaut. Für die Ausführung zeichneten Dr. Vana Architekten verantwortlich. Nachträglich wurde eine Adaption durch Boris Podrecca durchgeführt.

Atemberaubende Aussicht durch die Glasfront des Ringturms in Richtung

Norden auf die Rossauer Kaserne und den Donaukanal

Das Erdgeschoß erhielt 1995 bis 1998 eine neue Gestaltung. Aus einer ehemaligen Kassenhalle wurde ein Ausstellungsraum, Schauplatz der Reihe *Architektur im Ringturm*, in deren Rahmen Architektur jener Länder zu sehen ist, in denen die Vienna Insurance Group tätig ist. Eine weitere Sehenswürdigkeit im Inneren ist der – noch immer in Betrieb befindliche – Paternoster.

Einige Etagen höher, im zwanzigsten Stock des Gebäudes, wurde zwischen 1995 und 2008 die ORF-Talkshow *Lebenskünstler* aufgezeichnet, präsentiert von Helmut Zilk nach seinem Rücktritt als Bürgermeister. Vier bis fünf Mal pro Jahr nahmen Gäste, von Peter Ustinov und Toni Sailer bis hin zu Senta Berger und Hugo Portisch, Zilk gegenüber Platz. 2015 fanden im verglasten Dachgeschoß die ORF-*Sommergespräche* statt.

Bis heute ist der Ringturm Sitz der Wiener Städtischen Versicherung, des Wiener Städtischen Versicherungsvereins und der Vienna Insurance Group. Neben seiner Funktion als Unternehmenszentrale ist der Ringturm auch ein Ort der Begegnung, der Kommunikation, des Gedankenaustausches und des grenzüberschreitenden Dialogs: Prominente Persönlichkeiten aus Wirtschaft, Wissenschaft, Politik, Medien und Gesellschaft sind seit jeher im Ringturm zu Gast.

Der Ausblick aus dem Veranstaltungsraum im zwanzigsten Stock ist spektakulär. Es handelt sich um die – neben dem Stephansdom (S. 25) – höchste Aussichtsplattform in der Wiener Innenstadt. Der Blick fällt auf zahlreiche markante Bauwerke wie die Müllverbrennungsanlage Spittelau (S. 204), den DC Tower, den Donauturm (S. 182) oder, direkt zu Füßen des Hochhauses, die Rossauer Kaserne (näher beschrieben in *Bezaubernde Ziegel*, Falter Verlag, 2022).

Wer den Ausblick selbst erleben möchte, hat im Rahmen der nicht allzu vielen öffentlichen Veranstaltungen die Möglichkeit dazu.

Blick vom Ringturm auf den Donaukanal

Der Veranstaltungssaal im Ringturm

Die Ringturmverhüllung

Nicht nur im Inneren des Ringturms wird Kunst und Kultur gelebt, seit 2006 wird der Ringturm selbst zum überdimensionalen Kunstobjekt. Für gewöhnlich zieren über die Sommermonate dreißig bedruckte Netzbahnen mit rund drei Metern Breite und bis zu 63 Metern Länge die Außenfassade. So entstehen 4000 Quadratmeter große Kunstwerke. Neben hochrangigen österreichischen Kunstschaffenden, unter anderen Gottfried Helnwein und Arnulf Rainer, werden seit 2012 auch Künstler*innen aus Osteuropa eingeladen, die Ringturmverhüllung zu gestalten. Initiiert wurde das Kunstprojekt von Günter Geyer, Aufsichtsratspräsident des Wiener Städtischen Versicherungsvereins und Hauptaktionär der Vienna Insurance Group.

Die Ringturmverhüllung ist ein weithin sichtbares Zeichen der Kunst im öffentlichen Raum, das bis über die Landesgrenzen hinaus wirkt.

BELVEDERE

3., PRINZ-EUGEN-STRASSE 27

Haltestellen: Schloss Belvedere (D) und Quartier Belvedere (1, 18, D, S-Bahn, Züge)

„Österreich ist frei", verkündete Leopold Figl 1955 vom Balkon des Belvedere aus, ein Moment, der zum Sinnbild des Neubeginns Österreichs wurde. Zuvor unterschrieben Figl und die Vertreter der vier Besatzungsmächte Großbritannien, Frankreich, Sowjetunion und USA im Marmorsaal den Österreichischen Staatsvertrag. Von den Saalfenstern und vom Balkon aus ist normalerweise keine jubelnde Menschenmenge zu sehen, dafür gleitet der Blick über die wunderschönen Gärten des Belvedere und das Untere Belvedere hinweg auf die Stadt.

Der Bau der beiden Belvedere-Gebäude begann im 18. Jahrhundert, als Prinz Eugen von Savoyen den Architekten Johann Lukas von Hildebrandt mit der Errichtung seiner Sommerresidenz beauftragte. Zuerst wurde von 1714 bis 1716 das Untere Belvedere auf einem bereits vorhandenen Bestand errichtet. Es beinhaltete Wohn- und Wirtschaftsgebäude sowie den Prunkstall. Bis 1736 waren die Kunstsammlung und die Bibliothek des Prinzen Eugen hier untergebracht. Das Obere Belvedere folgte 1720 bis 1723 als Neubau, ebenso nach Plänen Hildebrandts. Zu Lebzeiten Prinz Eugens hatte dieses Palais lediglich repräsentative Zwecke. Nach seinem Tod wurde hier die kaiserliche Gemäldegalerie eingerichtet, die ab 1777 im Sinne des aufgeklärten Absolutismus öffentlich zugänglich war. Damit ist das Belvedere eines der ältesten öffentlichen Museen der Welt.

An der Ostseite des Oberen Belvedere war eine Menagerie angeschlossen. Zwischen den beiden Schlossgebäuden liegen die barocken Schlossgärten (näher beschrieben in *Verlockende Oasen*, Falter Verlag, 2021).

Canaletto-Blick über die Gärten des Belvedere

Mit der Fertigstellung des Kunsthistorischen Museums übersiedelte die kaiserliche Gemäldesammlung Ende des 19. Jahrhunderts in den neuen Museumsbau. Die Belvedere-Schlösser wurden anderweitig genutzt. Ab 1896 wurde das Obere Belvedere zur Residenz des Thronfolgers Franz Ferdinand.

1903 eröffnete das Untere Belvedere als *Moderne Galerie*. Sie war der Präsentation österreichischer Kunst im internationalen Kontext gewidmet. Das heute bekannteste Werk, die Jugendstilikone *Der Kuss* von Gustav Klimt, wurde 1908 für die Moderne Galerie erworben.

Im Jahr 1912 wurde das Museum zur Österreichischen Staatsgalerie, in der ein Querschnitt österreichischen Kunstschaffens vom Mittelalter bis zur Gegenwart zu sehen war. 1918 folgte die Ausdehnung auf das Obere Belvedere.

Zur Zeit der NS-Verwaltung verzeichnete die Galerie trotz umfangreicher Bergungsmaßnahmen Verluste aufgrund von Beschlagnahmungen. Im Zweiten Weltkrieg wurden beide Palais teilweise zerstört. Zurück blieben Ruinen, die mit viel Sorgfalt wieder aufgebaut wurden.

Auch heute beherbergen beide Schlösser wieder Kunstsammlungen. Im Oberen Belvedere sind Kunstwerke aus 800 Jahren Kunstgeschichte zu sehen, darunter Werke von Gustav Klimt, Egon Schiele, Claude Monet und Vincent van Gogh. Das Untere Belvedere ist Schauplatz für österreichische und internationale Kunst der Gegenwart, Film und Musik. Direkt daran schließt die im 19. Jahrhundert umgebaute Orangerie an, in der sich das Museum mittelalterlicher österreichischer Kunst befindet.

Aktuelle Informationen zu Ausstellungen, Öffnungszeiten und mehr gibt es auf *www.belvedere.at*.

Blick aus dem Marmorsaal
Im Zuge eines Museumsbesuchs kommen Besucher*innen auch in den Marmorsaal, von dem aus sich ein einmaliger Ausblick – der sogenannte Canaletto-Blick – auf die Stadt bietet. Der zweigeschoßige Raum ist vom rotbraunen Marmor, von Vergoldungen und vom großen Deckenfresko (von Carlo Innocenzo Carlone, Marcantonio Chiarini und Gaetano Fanti) geprägt.

Schlosscafé im Oberen Belvedere
Neben Frühstück, Mehlspeisen und Kaffee- und Teespezialitäten wird im Café im Oberen Belvedere auch österreichische und internationale Küche serviert. Besonders schön ist der Gastgarten im Sommer.
www.don.at/locations/schlosscafe/

PEAK VIENNA

VORMALS FLORIDO TOWER

21., FLORIDSDORFER HAUPTSTRASSE 1

Haltestellen: Matthäus-Jiszda-Straße (31), Floridsdorf (U6, S-Bahn, 25, 26, 30, 31, 28A, 29A, 33A, 34A, Züge)

Der Wasserpark, die Alte Donau und die Donau reflektieren das Grün von Transdanubien in den dreißigsten Stock des Peak Vienna hinauf. In der Ferne zeichnen sich die Wiener Wolkenkratzer der Donau City hinter dem Donauturm (S. 182) ab.

Mit einer Höhe von 113 Metern ist der ehemalige Florido Tower (seit 2021 trägt er den Namen Peak Vienna) eines der höchsten Bauwerke Wiens und der nordwestlichste Turm der Stadt.

Das Bürohochhaus wurde 2001 nach Entwürfen der Architekten Andreas und Herbert Müller-Hartburg errichtet. Die 36.000 Quadratmeter Nutzfläche, verteilt auf 31 Stockwerke, wird als Büroflächen verschiedener Größen vermietet.

Die Circle-Lounge

Im dreißigsten Stockwerk wartet die 360-Grad-Circle-Lounge mit fantastischer Aussicht auf. Die 800 Quadratmeter große Kombination aus Konferenz- und Veranstaltungsräumen bietet insgesamt Platz für bis zu 240 Gäste, technische Ausstattungen für Veranstaltungen jeder Art und gemütliches Lounge-Feeling. Die verschiedenen Räume können einzeln oder als Gesamtheit für private Feiern gebucht werden.

www.youroffice.at/standorte/circle-lounge/

Aussicht aus dem Peak Vienna auf die Alte Donau

Donauturm und UNO-City; der Ausblick aus der Circle Lounge im Peak Vienna

Blick vom Donauturm auf Kahlenberg und Leopoldsberg, rechts der Peak Vienna

HOCH DEN TURM

Hoch hinauf und immer weiter. Türme in all ihren Facetten führen uns in den Himmel. Mal geht es über Wendeltreppen empor, mal eine Rampe hinauf und dann, ganz modern, darf es auch mal der Hochgeschwindigkeitslift sein.

Während der Wasserturm Favoriten (S. 174) ursprünglich alleine einen praktischen Zweck erfüllte, diente die Paulinenwarte (S. 179) im Türkenschanzpark von Anfang an zusätzlich zu ihrer Funktion als Wasserspeicher als Aussichtspunkt. Der Donauturm (S. 182) wurde für die Wiener Internationale Gartenschau errichtet, aber der Blick reicht weit und über den Donaupark, das ehemalige Ausstellungsgelände, hinaus.

WASSERTURM FAVORITEN

10., WINDTENSTRASSE 3

Haltestellen: Windtenstraße (1), Stefan-Fadinger-Platz (1, 15A, 65A)

Zuerst die Rampe empor, vorbei an der aktuellen Wasser-Ausstellung, dann die Stiegen hoch, ein Blick in der Mitte hinunter, wo einst ein Lastenaufzug geführt wurde, und noch weitere Stufen hinauf, und schon haben wir die Aussichtsplattform auf 46 Metern Höhe erreicht. Der Blick reicht weit über die Stadt hinaus, an klaren Tagen in Richtung Südwesten sogar bis zum Schneeberg.

Bereits seit 1873 besteht der älteste Teil der Anlage, ein Wasserbehälter mit unterirdischem Wasserreservoir, der mit der Errichtung der Ersten Hochquellenleitung für die Trinkwasserversorgung in Favoriten sorgte. Von 1898 bis 1899 wurde der Wasserturm mit Hebeanlage nach Plänen des Stadtbauamts unter Leitung von Franz Xaver Borkowitz errichtet, da der Druck für das ständig erweiterte Versorgungsgebiet nicht mehr ausreichte. Borkowitz projektierte nicht nur die technischen Anlagen, sondern auch die äußere Gestaltung des 67 Meter hohen Backsteinturms (Wetterstange inklusive) im Stil des industriellen Historismus. Aufgrund der Lage am Wienerberg ist die Spitze des Fahnenmasts einen Meter höher als der Südturm des Stephansdoms (S. 25).

An der Außenfassade des Wasserturms sind verschiedene Epochen fantasievoll modifiziert; schmuckvolle Türmchen und die Ornamentik sowie das zweifarbige Sichtziegelmauerwerk und das Kegeldach, gedeckt mit verschiedenfarbig glasierten Ziegeln, sorgten dafür, dass der Wasserturm ein Wahrzeichen von Favoriten wurde, das von vielen Enden und Ecken des Bezirks aus zu sehen ist. Eine Bewohnerin hatte so von all den Wohnungen, in denen sie lebte, immer auf den Wasser-

Blick von der Aussichtsplattform des Wasserturms auf die Wienerberg City

Vom Wasserturm Favoriten reicht die Sicht in Richtung Südwesten bis zum

Semmering und zum Schneeberg

turm gesehen und wünschte sich, einmal den Turm näher zu besichtigen. Ihr deutscher Freund überlegte sich deshalb etwas ganz Besonderes für ihren gemeinsamen Turm-Ausflug. Er ließ den Rundgang um den Hauptbehälter mit Blumen schmücken und machte seiner Wiener Freundin oben auf dem Turm einen Heiratsantrag.

Seinen eigentlichen Zweck, die Trinkwasserversorgung der hochgelegenen Teile des zehnten und zwölften Bezirks sicherzustellen, erfüllte der Wasserturm nicht lange. Nach der Eröffnung der Zweiten Wiener Hochquellenleitung 1910 wurde das Wasserhebewerk Favoriten aufgelassen. Die endgültige Außerbetriebnahme erfolgte 1956, bis dahin sprang der Wasserturm gelegentlich ein, um bei Ausfällen die Trinkwasserversorgung sicherzustellen.

In den 1980er-Jahren wurde das Bauwerk generalsaniert. Sogar die Dachornamente, glasierte Ziegel in fünf verschiedenen Farben, konnten originalgetreu wiederhergestellt werden. Der Turm diente, seit er seinen ursprünglichen Zweck verloren hatte, zuerst als Lagerhalle und später als Aussichtsturm. Auch als Filmdrehort kam er zu Ehren: eine Folge der zweiten Staffel von *Kommissar Rex* wurde hier gedreht.

Schulklassen, die einen Vormittag in der Wiener Wasserschule verbringen, dürfen bei passender Wetterlage zum Abschluss ebenso den Turm besichtigen – und wer sich traut, darf bis zur Aussichtsplattform hinauf.

Inzwischen werden die Innenräume regelmäßig für Ausstellungen von Bildern, Fotografien, Skulpturen und mehr genutzt. Steht das Thema „Wasser" hierbei im Vordergrund, so ist die Nutzung für die Künstler*innen gratis. Im Zuge von Vernissagen und anderen Veranstaltungen gibt es auch die Möglichkeit, zur Aussichtsplattform geführt zu werden. Alle aktuellen Veranstaltungen werden auf *www.wien.gv.at/wienwasser/bildung/wasserturm/ausstellung.html* angekündigt.

PAULINENWARTE

18., TÜRKENSCHANZPARK

Haltestellen: Türkenschanzplatz (41, 10A), Gregor-Mendel-Straße (37A, 40A)

Im Zentrum des Türkenschanzparks (näher beschrieben in *Verlockende Oasen*, Falter Verlag, 2021) befindet sich der Aussichtsturm Paulinenwarte, von dem aus ein herrlicher Blick auf Wien und den Wienerwald gegeben ist. Für die Öffentlichkeit zugänglich ist der 23 Meter hohe Sichtziegelturm nur in der warmen Jahreshälfte an zwei Wochenenden pro Monat.

Die Paulinenwarte wurde 1888 zur Eröffnung des Parks erbaut und optisch und baulich dem Stil der umliegenden Villen des Cottage-Viertels angepasst. Er diente für eine Zeit auch als Wasserspeicher, der von einem in der Nähe gelegenen Brunnen gespeist wurde. Das Wasser wurde, wenn benötigt, über ein Leitungssystem im Park verteilt.

Namensgeberin war Fürstin Pauline von Metternich, die dem Türkenschanzpark viele exotische Pflanzen gespendet hatte.

Von den 1970er-Jahren des vergangenen Jahrhunderts bis – nach umfangreichen Renovierungsarbeiten – 2010 blieb der Bau versperrt. Nur die untersten Stufen bis zur verschlossenen Eingangstür konnten von mutigen Kindern erklommen werden, wenn sie denn die Angst vor dem – so wurde gemunkelt – hier spukenden Kaiser Franz Joseph I. überwinden konnten.

Die Renovierung erfolgte nach denkmalpflegerischen Auflagen, die von Architektin Anna Wickenhauser gemeistert wurden. Da die Warte zuvor über Jahrzehnte dem Verfall preisgegeben war, musste von den ersten Stiegen weg bis zum Dach hinauf alles restauriert werden. Der beliebte Aussichtsturm erstrahlt seither als Wahrzeichen Währings und wird von den Naturfreunden Währing betreut.

Aussicht auf Währing von der Paulinenwarte im Türkenschanzpark

DONAUTURM

22., DONAUTURMPLATZ 1

Haltestellen: Donauturm (20A), Arbeiterinnenstrandbad (20A, 20B), Kaisermühlen-VIC (U1, 20A, 92A, 92B), Neue Donau (U6, 20A, 20B)

Voll Enthusiasmus werden die Arme ausgebreitet. 152 Meter geht es nach unten. Das Herz hämmert bis zum Hals, pures Adrenalin fließt durch die Blutbahn. Und dann kommt der Sprung. Mit hundert Kilometern pro Stunde nähert sich der Boden, bis er nur noch zwanzig Meter entfernt ist und man abrupt wieder in die Luft katapultiert wird.

Genau hundert Meter unter der Spitze des Donauturms ist eine Absprungplattform angebracht, von der sich Adrenalinjunkies am Bungee-Seil hinunterstürzen können. Alle, die es gern gemütlicher haben, können die Aussichtsplattform besuchen oder sich im Turmrestaurant niederlassen.

Der Donauturm ist insgesamt 252 Meter hoch und ein Symbol für das moderne Wien der 1960er-Jahre. Er wurde nach knapp zweijähriger Bauzeit im Jahr 1964 im Rahmen der Wiener Internationalen Gartenschau (WIG), aus der der heutige Donaupark (näher beschrieben in *Verlockende Oasen*, Falter Verlag, 2021) hervorging, eröffnet. Federführend bei der Turmkonstruktion war Prof. Hannes Lintl, der sich vom Typus der Fernsehtürme inspirieren ließ. Für den Bau wurden 3750 Kubikmeter Beton und 514 Tonnen Stahlbeton benötigt. Von Anfang an war der Turm vorrangig für Freizeit, Spaß und Erholung vorgesehen. Dennoch enthält er Stahlmasteinrichtungen für den Polizeifunk und seit 1998 eine UKW-Sendeeinrichtung. Trotz seines Aussehens wurde der Donauturm nie als Plattform für TV-Sendeanlagen genutzt.

Negative Schlagzeilen machte er im Jahr 1969, als ein im Donaupark gestarteter Fesselballon mit ihm kollidierte, wobei

Blick vom Donauturm auf Floridsdorf mit der Pfarrkirche Donaufeld

drei Insassen zu Tode kamen. In Peter Henischs 1975 erschienenem Roman *Die kleine Figur meines Vaters* wird das Ereignis erwähnt.

Seit der Demontage des Sendemasten auf dem Bisamberg im Jahr 2010 ist der Donauturm nicht mehr nur das höchste Gebäude, sondern auch das höchste Bauwerk Österreichs. Für Besucher*innen geht es mit einem der beiden Hochgeschwindigkeitslifts in nur 35 Sekunden auf die teils verglaste, teils offene Aussichtsterrasse hinauf. Bei guter Sicht reicht der Blick von hier aus achtzig Kilometer weit in die Ferne.

Seit 2001 steht der Donauturm unter Denkmalschutz. Die Umbau- und Renovierungsarbeiten 2018/2019 fanden in Zusammenarbeit mit dem österreichischen Architekten Gregor Eichinger und in enger Abstimmung mit dem Bundesdenkmalamt statt.

Turmrestaurant, Turmcafé und Donaubräu

Das Restaurant dreht sich auf 170 Metern in 39 Minuten einmal um die eigene Achse. Beim Speisen kann so der Ausblick in alle Richtungen genossen werden. Auf der Karte stehen österreichische Küche und österreichischer Wein, am Wochenende gibt's Brunch.

Zehn Meter tiefer dreht sich das Turmcafé in 29 Minuten einmal rundherum. Hier gibt es Backwaren, Kaffeevariationen und kleine Speisen. Seit dem Umbau Ende der 2010er-Jahre sind Stil und Glanz der 1960er sowohl im Turmcafé als auch im Turmrestaurant wiederhergestellt.

Im Erdgeschoß wird im Donaubräu eigens gebrautes Turmbier serviert – auch im Gastgarten mit Blick auf den Donaupark.

www.donauturm.at

Donauturm-Aussicht über die Donau hinweg

Blick vom Riesenrad auf den Riesenradplatz

WEITERE BLICKWINKEL

Manchmal muss es kein Wolkenkratzer sein, kein spektakulärer Aufstieg oder eine Wandertour. Manchmal reicht es, die Perspektive zu wechseln, indem man wenige Stiegen hochsteigt, auf einen Balkon hinaustritt oder Höhepunkte im Vergnügungspark sucht.

Inmitten der Innenstadt bietet sich Wien-Tourist*innen von der Augustinerbastei (S. 188) der etwas andere Blick. Balkonaussichten gibt es im Volkstheater (S. 196).

Eine neue Sicht auf das berühmte Schloss Schönbrunn gewinnen wir von der Dachterrasse der Gloriette (S. 209) aus, und das bunte Treiben des Wiener Praters ist nur eine der vielen Szenerien, die bei einer Fahrt mit dem Wiener Riesenrad (S. 200) beobachtet werden können.

AUGUSTINERBASTEI

KUNSTSAMMLUNG ALBERTINA

1., ALBERTINAPLATZ 1

Haltestellen: Albertinaplatz (2A), Stephansplatz (U1, U3, 1A, 2A, 3A), Karlsplatz (U1, U4, D, 1, 2, 62, 71, U2Z, 2A, 4A, 59A, Badner Bahn)

Wer die Stiegen auf die Reste der Augustinerbastei hochsteigt, gewinnt einen neuen Blick auf den von Tourist*innen wimmelnden Helmut-Zilk-Platz bzw. den Albertinaplatz zwischen der Maschekseite der Staatsoper und der Tourist-Info und natürlich auf den berühmten grünen Dürer-Hasen auf dem Dach des Bitzinger Würstelstands, des meistfotografierten Street-Food-Standls in Wien. Die Füße befinden sich dabei auf dem letzten Rest der Augustinerbastei – einem Teil der ehemaligen Wiener Stadtbefestigung.

Die erste Bastei war Mitte des 16. Jahrhunderts errichtet worden. Der Name kommt von Kirche und Kloster der Augustiner in der nahegelegenen Augustinerstraße. Von 1577 bis 1770 wurde sie zwischenzeitlich Kärntner Bastei – aufgrund des hier befindlichen Kärntner Tores – genannt. 1809 wurde die Bastei nach der französischen Besetzung unter Napoleon beim Abzug der Truppen gesprengt, weniger als zehn Jahre später allerdings wiedererrichtet. Ihre endgültige Beseitigung erfolgte 1863 im Zuge des Abrisses der Stadtmauer und der Errichtung der Ringstraße. Der Name Augustinerbastei bezog sich jedoch nicht nur auf die eigentliche Bastei, sondern auch auf die Kurtine (den Mittelwall) zwischen Augustinerbastei und Burgbastei. Im 18. Jahrhundert wurde dieser bis heute als Augustinerbastei bezeichnete Teil der Wiener Festungsmauer von Hofbaudirektor Emanuel Silva-Tarouca zum Palais Silva-Tarouca umgebaut. Nach dem Abriss der eigentlichen Augustinerbastei wurde der Name für dieses Palais genutzt – die gleichnamige Kurtine wurde 1863 abgebrochen und durch eine von Moritz von

Blick von der Augustinerbastei in die Augustinerstraße

Loehr geschaffene Rampe ersetzt, in die im Neorenaissance-Stil zwölf allegorische Brunnenfiguren platziert wurden. Sie wurden von Johann Meixner geschaffen und stellen die großen Flüsse Österreichs dar. Darüber – auf der neuen Augustinerbastei – thront das Erzherzog-Albrecht-Denkmal, ein Reiterstandbild, geschaffen von Caspar von Zumbusch (Bronzeguss der Skulptur) und Karl König (Sockelaufbau). 1935 wurde die Augustinerbastei nach dem Denkmal in Albrechtrampe umbenannt, wenige Jahre später, nach dem „Anschluss" Österreichs an das Deutsche Reich, wurde der alte Name Augustinerbastei wiedereingeführt. Während des Zweiten Weltkriegs beschädigten Bombentreffer die Bastei, in den 1950er-Jahren wurde sie wiederhergestellt, wobei nun eine Stiege die Zufahrtsrampe ersetzte.

Die letzte große Umgestaltung erfolgte mit der Errichtung des Soravia-Wings – eines markanten, auskragenden Flugdachs im Luftraum zwischen dem Erzherzog-Albrecht-Denkmal und dem Haupteingang der Albertina. Benannt ist es nach den Sponsoren Erwin und Hanno Soravia (Soravia Group). Das von Hans Hollein entworfene Flugdach aus eloxiertem Aluminium ist 53 Meter lang und bis zu zwölf Meter breit und sorgte – wie schon das 1990 eröffnete Haas-Haus (S. 109), das ebenso aus Holleins Feder stammt – für zahlreiche Proteste, da es die Sicht auf die Augustinerbastei und die Albertina stark veränderte.

Kunstsammlung Albertina

Das im 18. Jahrhundert auf der Augustinerbastei errichtete Palais Silva-Tarouca ging 1795 in den Besitz von Herzog Albert Kasimir von Sachsen-Teschen über. Er ließ das Palais von 1801 bis 1805 unter Einbeziehung von Teilen des Augustinerklosters durch Louis Montoyer erweitern, um hier seine Kunstsammlung unterzubringen.

Bei seinem Tod im Jahr 1822 hinterließ Kasimir rund 14.000 Zeichnungen und an die 200.000 druckgrafische Blätter aus dem europäischen Raum vom 15. bis ins beginnende 19. Jahrhundert. Seine Erben bemühten sich um die Erweiterung der Sammlung.

Mit der Weltausstellung 1873 erhielt die Sammlung den Namen *Collectio Albertina*. Zu dieser Zeit befanden sich die Werke im Besitz von Friedrich Rudolf Albrecht von Österreich-Teschen, den das Reiterstandbild vor der Albertina zeigt. Der letzte Sammlungsbesitzer der Habsburgerfamilie war Friedrich Maria Albrecht von Österreich. Nach dem Ersten Weltkrieg gingen die habsburgischen Familienfonds in den Besitz der Republik Österreich über – darunter auch die grafische Sammlung, die seit 1921 den Namen *Graphische Sammlung Albertina* trägt. Dubletten wurden verkauft und durch deren Erlös Neuankäufe ermöglicht.

Gegen Ende des 20. Jahrhunderts wurde die Albertina für umfassende Erweiterungen, Modernisierungen und Restaurierungen geschlossen und 2003 als wissenschaftliche Anstalt öffentlichen Rechts mit dem Namen Albertina wiedereröffnet.

Heute bietet die Albertina Kunst mit Werken vom Anfang des 15. Jahrhunderts bis in die Gegenwart, darunter Werke von Albrecht Dürer, Leonardo da Vinci, Raffael Sanzio da Urbino, Michelangelo Buonarroti, Peter Paul Rubens, Rembrandt van Rijn, Egon Schiele, Gerhard Richter und Maria Lassnig. Besonderes Flair verströmen die Prunkräume des Palais mit ihren Wandbespannungen, Kronleuchtern, Kaminen und edlen Möbeln.

Do & Co Albertina

Mediterrane Speisen auf sogenannten *Sharing Plates* holen die Aromen des sonnigen Südens in die Wiener Innenstadt – und können mit Blick auf die Wiener Staatsoper genossen werden.
www.doco.com/albertina

Bitzinger Würstelstand

Der 2008 wiedereröffnete Würstelstand bei der Albertina wurde für den Staatspreis für Design nominiert. Zu verköstigen gibt's eine klassische Würstl-Auswahl.
www.bitzinger-wien.at

Blick von der Augustinerbastei zur Oper

PRIVAT BANK
PRIVAT BANK
PRIVAT BANK
KASSEN
TICKETS
Karlsplatz

Ausblick vom Balkon des Volkstheaters

MQ
Wien

VOLKSTHEATER

1., ARTHUR-SCHNITZLER-PLATZ 1

Haltestelle: Volkstheater (U3, U2Z, D, 1, 2, 46, 49, 71, 48A)

Nach einem Brand des Stadttheaters (des späteren Ronacher) beschloss der 1887 gegründete Verein des Deutschen Volkstheaters, ein neues Theater zu bauen. Das Grundstück wurde billig vom Stadterweiterungsfonds an den Verein übergeben und der Bau des Volkstheaters konnte 1889 durch Ferdinand Fellner II und Hermann Helmer abgeschlossen werden. Mit dem Gebäude und seiner schräg zur Stadt gerichteten, zweigeschoßigen Fassade sowie seiner Kuppel über dem Mittelfoyer wurde ein neuer Typus kreiert, der in vielen Städten der Monarchie Nachahmer fand. Die Kuppel wurde im Zweiten Weltkrieg zerstört und erst zu Beginn der 1980er-Jahre im Zuge einer Generalinstandsetzung wiederhergestellt. Von 2019 bis 2020 erfolgten weitere Sanierungsarbeiten durch das Ingenieurbüro FCP Fritsch, Chiari & Partner, Dietrich/Untertrifaller und das Architekturbüro Van der Donk.

Bespielt wird das Haus seit der Eröffnung am 14. September 1889, bei der das Volksstück *Der Fleck auf der Ehr* von Ludwig Anzengruber aufgeführt wurde. Ziel des Volkstheaters war es, ein Kontrastprogramm zum Burgtheater zu bieten. Auf dem Spielplan standen daher aktuelle Zeitstücke, Volksstücke, österreichische Dramen und Klassiker. Im Laufe der Jahre fanden hier zahlreiche österreichische Erstaufführungen zeitgenössischer Dramen statt, etwa von Friedrich Dürrenmatt, Max Frisch, Rolf Hochhuth oder – nach der Aufhebung des Boykotts – Bertolt Brecht. Gefördert wurden und werden nicht nur Aufführungen großer Namen wie Johann Nestroy und Arthur Schnitzler, sondern auch junge österreichische Autor*innen.

Unter der Führung von Intendant Kay Voges wurde das Volkstheater zu einem multimedialen Theater, das auch mit digitalen Mitteln arbeitet. Auf dem Programm stehen nun vor allem gegenwärtige und neu gelesene Dramatik, die sich zwischen darstellender und bildender Kunst bewegt, musikalische und choreografische Produktionen sowie diskursive und partizipative Formate.

Das aktuelle Spielprogramm gibt es auf *www.volkstheater.at*.

Balkon-Blick

Auf den Balkon gelangen wir durch den Weißen Salon, in dem immer wieder Ausstellungen und Videoinstallationen gezeigt werden. Der Salon stellt auf diese Weise eine Verbindung zur bildenden Kunst her.

Besucher*innen können vor Vorstellungen, während Pausen oder bei Partys auf den Balkon hinaus. Vorausgesetzt, der Weiße Salon ist nicht für Einführungen, einen Empfang oder eine Vorführung gesperrt. Draußen bietet sich ein neuer Blickwinkel auf das Naturhistorische Museum (S. 18), das MuseumsQuartier (S. 62) und das Café Raimund.

Café Liebling im Volkstheater

Im Kaffeehaus mit Kantine und Gastgarten samt Hollywoodschaukel treffen Besucher*innen auf Schauspieler*innen und Mitarbeiter*innen. Es gibt Frühstück, Mittagsmenüs sowie kleine, saisonale Gerichte. Der Fokus liegt auf Regionalität und biologischen Zutaten.

Ausblick vom Wiener Riesenrad

WIENER RIESENRAD

2., RIESENRADPLATZ

Haltestelle: Praterstern (U1, U2, O, 1, 2, 5, 5B, 82A, Züge, S-Bahn)

Während sich der Stephansdom (S. 25) und Schloss Schönbrunn darüber streiten, wer von ihnen Wien besser repräsentiert, dreht das Riesenrad seine Runden und weiß, dass es selbst immer wieder an der Spitze steht.

Errichtet wurde das Wiener Riesenrad zum fünfzigsten Thronjubiläum von Kaiser Franz Joseph I. Nach achtmonatiger Bauzeit durch den englischen Ingenieur Walter Bassett Basset und den Chefkonstrukteur Hubert Cecil Booth wurde das exakt 64,75 Meter hohe Riesenrad im Juli 1897 feierlich eröffnet. Damals befand sich zu Füßen des Riesenrads das Ausstellungsgelände *Venedig in Wien* mit Palazzi und Osterien und echten Gondolieri aus Venedig, die den Besucher*innen Fahrten auf dem etwa einen Kilometer langen Kanalsystem anboten.

Nur ein Jahr später wurde das Riesenrad Schauplatz einer politischen Aktion. Um auf ihre Armut und die soziale Not hinzuweisen, hängte sich die Wienerin Marie Kindl während der Fahrt aus dem Fenster eines Waggons.

Zwei Jahre bevor eine Genehmigung zum Abbau des Riesenrads (1916) erteilt wurde, drehte Madame Solange d'Atalide auf einem Pferd auf dem Dach eines Waggons eine Runde mit dem Riesenrad. Zum Glück kam es nie zum Abbau – Geldmangel verhinderte dies.

Im Zuge der „Arisierung" durch die Nationalsozialisten wurde der Besitzer des Riesenrads, Eduard Steiner, enteignet. Er und seine Frau verstarben 1944 im Vernichtungslager Birkenau. Im selben Jahr wurde das Riesenrad durch schwere, vom Krieg verursachte Brandschäden beinahe vollständig zerstört. Die Stahlkonstruktion blieb als einziger Teil erhalten. Noch 1945 wurde das Riesenrad – zusammen mit anderen Landmarken der österreichischen Hauptstadt wie dem Stephansdom (S. 25), der Staatsoper und dem Burgtheater (S. 146) – wiederaufgebaut. Die Wiederinbetriebnahme erfolgte nur zwei Jahre später – allerdings mit nur noch 15 der ursprünglich dreißig eingehängten Waggons. Im Jahr 1953 konnte das Riesenrad an die drei Töchter von Eduard Steiner restituiert werden.

2016 wurden alle 15 Waggons durch originalgetreue Nachbauten mit moderner Technik ersetzt. Vier Jahre später stand das Wiener Riesenrad während der Corona-Pandemie zum ersten Mal nach 73 Jahren still. Die Wiedereröffnung erfolgte feierlich durch Wiens Bürgermeister Michael Ludwig und setzte ein Zeichen für das Erwachen Wiens.

Café Restaurant Zum Riesenrad

Am Fuße des Wiener Riesenrads werden wienerische Schmankerl und traditionelle Küche serviert. Auf der Weinkarte stehen Wiener Winzer. Im Gastgarten heißt es Eintauchen ins bunte Pratertreiben.

Wer es exklusiver haben möchte, kann in einem der vier Gourmet-Waggons während einer Fahrt im Riesenrad speisen.
www.zumriesenrad.at

Das Wiener Riesenrad – Blick hinunter auf den Prater

MÜLLVERBRENNUNGS-ANLAGE SPITTELAU

9., SPITTELAUER LÄNDE 45

Haltestelle: Spittelau (U4, U6, D, 35A, 37A, S-Bahn, Züge)

Seit der Umgestaltung der ursprünglich von 1969 bis 1971 errichteten Müllverbrennungsanlage durch Friedensreich Hundertwasser nach einem Großbrand 1987 ist das Gebäude mit seinem markanten Schlot und der goldenen Kugel zu einem vielfach fotografierten Wiener Wahrzeichen geworden. Die mit 1150 gold-emaillierten Platten versehene Kugel solle zusammen mit dem himmelblauen Schlot und den beiden goldenen Rinden für eine bessere und schönere Welt stehen – so Hundertwasser. Einfach war es allerdings nicht, den Künstler von dem Projekt zu überzeugen. Ist doch die Verwertung von Müll eine Folge des Überkonsums. Letztlich konnte Hundertwasser aber mit schlagenden Argumenten für das Projekt gewonnen werden: Müllverbrennung ist die umweltfreundlichste Art der Müllentsorgung. Die Anlage selbst arbeitet nachhaltig. Und es wird konstant daran gearbeitet, Müll, wo es denn möglich ist, zu vermeiden.

Die Müllverbrennungsanlage Spittelau gilt heute als Vorbild für Klimaschutz in der Stadt. Eine der weltweit modernsten Rauchgasreinigungen sorgt dafür, dass die Grenzwerte um neunzig Prozent unterschritten werden. Die Luft rund um die Spittelau ist so gut, dass sich bereits 1975 Turmfalken ansiedelten. Nach dem Brand hausten sie zuerst im Schriftzug (damals „Fernwärme Wien“, heute „Wien Energie“), bevor sie in die Nistplätze am Schlot, direkt unter der höchsten Zwiebel, übersiedelten. Der Standort vereint sichtbar Technik, Kunst und Ökologie.

Hundertwasser selbst war häufig auf der Baustelle anwesend. Als die Toilette für die Müllfahrer*innen aufgebaut und ein Spiegel montiert werden sollte, sah er sich veranlasst einzugreifen: So könne man den Spiegel doch nicht aufhängen! Hundertwasser zerschlug den Spiegel, zeigte auf die Scherben und meinte: Jetzt könne man den Spiegel montieren.

Eine weitere Besonderheit der Anlage ist eine überdimensionale Kappe auf dem Dach. Bei einer Diskussion mit den Bauherren riss Hundertwasser der Geduldsfaden. Mit den Worten „Ich hau den Hut drauf" verließ er wütend die Baustelle. Aufgegeben hat er dann doch nicht. Die Bauherren aber ließen sich von seinen Worten inspirieren und ergänzten das Dach um eine riesige Kappe, die heute im Rahmen des Klimaschutzpfades besucht werden kann. Auch Photovoltaikanlagen und Urban Gardening inklusive Bienenstöcken haben auf den Dächern der Müllverbrennungsanlage Einzug gehalten. Der hier produzierte Honig, der auch verkauft wird, hat Bio-Qualität.

Der 2023 neu eröffnete Klimaschutzpfad führt auf den Spuren des Haushaltsmülls durch die Anlage. Dabei wird einerseits die Funktionsweise der Müllverbrennung vorgestellt, andererseits werden die wichtigen aktuellen Themen der Wien Energie präsentiert. Informationen zu Friedensreich Hundertwasser sind miteingeflossen. Und Anekdoten: Einmal hat es ein ganzer VW Käfer geschafft, auf den Müllhaufen zu gelangen, etwas, womit Haushaltsmüll in der Regel eher nicht in Verbindung gebracht wird. Nach erstem erstauntem Gelächter der Mitarbeitenden mussten diese dann das ausrangierte Gefährt mühsam zerschneiden und entfernen, um den weiteren Betrieb zu gewährleisten. Ein anderes Mal wurde eine halbe Kuh mit dem Müll abgeladen. Heutzutage kommt es glücklicherweise nicht mehr vor, dass Tierkadaver in der Müllverbrennungsanlage landen.

Das Konzept, Müll als Energiequelle zu nutzen, wurde in den 1960er-Jahren erstmals zur Wärmeversorgung von Spitälern in Wien eingesetzt. Heute sind vier Standorte im Einsatz. Die Temperatur beim Verbrennungsprozess von mindestens 850 °C ist dabei gesetzlich vorgeschrieben, um sämtliche Schadstoffe

Die von Friedensreich Hundertwasser gestaltete Müllverbrennungsanlage

Spittelau

zu zerstören. Die Müllverbrennungsanlage Spittelau schafft es auf diese Art, aus 250.000 Tonnen Hausmüll 60.000 Haushalte mit Fernwärme und 50.000 Haushalte mit Strom zu versorgen. Sie ist außerdem Hauptversorger des AKH mit Fernwärme und Fernkälte und Drehscheibe für die Wärme- und Kälteversorgung der nördlichen und westlichen Wiener Bezirke.

Besuchsmöglichkeiten

Die Müllverbrennungsanlage Spittelau ist mehr als nur funktional und von außen hübsch anzuschauen. 2019 wurde mit 10.500 Besucher*innen ein Rekord aufgestellt, der nach der Covid-Zeit im Jahr 2023 bereits im Sommer gebrochen wurde. Im Rahmen von kostenlosen Führungen können Interessierte die Anlage sowohl von außen als auch von innen kennenlernen. Die Erlebniswelt steht jederzeit ohne Führungen während der regulären Öffnungszeiten für interessierte Besucher*innen offen.

www.wienenergie.at/privat/erleben/standorte/muellverwertungs-anlage-spittelau

GLORIETTE

SCHLOSSPARK SCHÖNBRUNN

13., SCHÖNBRUNNER SCHLOSSPARK

Haltestellen: Schloss Schönbrunn (10, 52, 60, 10A), Schönbrunn (U4, 10A)

Eine kaiserliche Aussicht auf das kaiserliche Schloss bietet die Gloriette im Schönbrunner Schlosspark. Sie wurde im Zuge von Maria Theresias klassizistischer Umgestaltung des Parks als letzter Bau der Schönbrunner Gartenarchitektur vollendet. Für die Pläne war Johann Ferdinand Hetzendorf von Hohenberg zuständig. Der Bau, ursprünglich wohl als Ruhmestempel und Aussichtsterrasse gedacht, thront auf der Anhöhe über dem Schlossgarten. Für den Skulpturenschmuck war Johann Baptist von Hagenauer zuständig. Säulen und Bogenteile des Bauwerks stammen vom Schloss Neugebäude (näher beschrieben in *Verlockende Oasen*, Falter Verlag, 2021).

Nach Fertigstellung 1775 diente die Gloriette den Monarchen sowohl als Ausflugsort als auch als Festsaal. Bereits im Jahr 1780 wurde das Prunkstück mit Glasfenstern ausgestattet. Kaiser Franz Joseph I. diente der Bau als Frühstückszimmer. Bis zum Ende der Donaumonarchie war er als Speisesaal in Gebrauch.

Im Zweiten Weltkrieg wurde der Ostflügel der Gloriette durch mindestens eine der 268 Bomben zerstört, die im Park und im Tiergarten einschlugen. Reste der Architekturteile liegen seitlich im Park, die Gloriette wurde noch in den 1940er-Jahren rekonstruiert.

Mit der Generalsanierung in den 1990er-Jahren wurde – immer unter Bedachtnahme auf die denkmalpflegerischen Aspekte – die Gloriette neu verglast, wobei die frühere Verglasung mithilfe alter Fotografien rekonstruiert wurde.

Blick von der Gloriette auf Schloss Schönbrunn, am Horizont der Kahlenberg

und der Leopoldsberg

Blick von der Dachterrasse

Die Aussichtsplattform auf dem Dach der Gloriette ist über rund siebzig Stufen zu erreichen. Von dort bietet sich ein wunderschöner Ausblick auf das Schloss Schönbrunn.

Café Gloriette

Nach der Generalsanierung in den 1990er-Jahren öffnete das Café Gloriette im Schlosspark seine Tore. Bei österreichischer Küche und vor allem, an Sams-, Sonn- und Feiertagen, beim Sisi-Frühstücksbuffet lebt der Prunk der vergangenen Monarchie wieder auf. Hausgemachte Mehlspeisen und eine große Eiskarte runden das gastronomische Angebot ab.
www.gloriette-cafe.at

MITTEN IM GRÜNEN

Wienerblick im Lainzer Tiergarten

HINAUS IN DIE NATUR

Wien ist die grünste Stadt der Welt – nicht nur wegen der zahlreichen Parks und Gärten, sondern auch aufgrund der umliegenden Berge, von denen sich bestechend schöne Panoramablicke auf die Skyline der Stadt bieten.

Der Wienerblick im Lainzer Tiergarten (S. 220) und die Aussicht vom Kahlenberg (S. 239) bieten besten Genuss im Zuge einer Wanderung, bei der auch die Stephaniewarte und die Hubertuswarte bestiegen werden können. Am Kahlenberg gibt es außerdem die Möglichkeit einzukehren, ebenso wie bei der Eventlocation Weitsicht Cobenzl (S. 234) und im Hotel Schloss Wilhelminenberg (S. 225).

Ein besonderer Genuss ist die Aussicht vom Schafbergbad (S. 231), denn hier ist es möglich, sich zwischendurch im kühlen Nass zu erfrischen. Ein ganz eigenes Erlebnis bietet der Besuch des Baumkronenpfads (S. 216), eines Teils des Naturerlebnisweges im Tiergarten Schönbrunn, bei dem wir nicht nur Interessantes über die heimische Flora und Fauna kennenlernen, sondern dank Hängebrücken direkt im Blätterdach umherspazieren.

BAUMKRONENPFAD
TIERGARTEN SCHÖNBRUNN
13., MAXINGSTRASSE 13B

Haltestelle: Schönbrunn (U4, 10, 49, 52, 60, 51A, 56A, 56B, 58A, 58B)

Die Vögel singen uns ihr Konzert direkt in die Ohren, Eichhörnchen laufen geschwind über das Geländer und zwischen den Baumwipfeln bietet sich die Aussicht über das Schloss Schönbrunn auf Wien. Der Baumkronenpfad des Tiergartens ist Teil des 160 Meter langen Naturerlebnisweges und führt auf bis zu zehn Metern Höhe über Hängebrücken durch das Blätterdach.

Seit 2009 werden den Besucher*innen auf dem Naturerlebnisweg zwischen Tirolerhof und Kernzone des Tiergartens heimische Wildtierarten nähergebracht. Auf unauffälligen, schwarzen Infotafeln gibt es Informationen zur heimischen Flora und Fauna. Ein Highlight auf dem Baumkronenpfad, vor allem für Kinder, ist der Spinnennetztunnel zum Durchkrabbeln, um so ein Stück des Weges abzukürzen. Generell ist der hölzerne Weg barrierefrei besuchbar. Bei Schnee, Eis und Wind ist der Baumkronenpfad allerdings geschlossen.

Der Tirolerhof

Ein Einstiegspunkt in den Baumkronenpfad ist direkt beim Tirolerhof, einem denkmalgeschützten, typischen zweigeschoßigen Unterinntaler Einhof – mit Wohntrakt, Stall- und Wirtschaftsgebäude, der im Jahr 1994 Stück für Stück in seiner Heimat abgetragen und im Tiergarten Schönbrunn originalgetreu wieder aufgebaut wurde. In den Stallungen des Haidachhofs hausen heute vom Aussterben bedrohte Haustierrassen.

Der Tiergarten Schönbrunn

Kaiser Franz I. (Franz Stephan von Lothringen, der Ehemann von Kaiserin Maria Theresia) ließ im Jahr 1752 nach Plänen von

Jean Nicolas Jadot de Ville-Issey eine kreisförmige Menagerie anlegen. Bereits im Sommer desselben Jahres war die Menagerie mit Tieren besetzt – und so ist der Schönbrunner Tiergarten der älteste noch bestehende Zoo der Welt. Bis heute sind prächtige Barockbauten erhalten, etwa der achteckige Mittelpavillon, der im Jahr 1759 errichtet wurde. Zwei Jahrzehnte später, ab 1778, stand die Menagerie an Sonntagen für die allgemeine Bevölkerung offen – allerdings nur für „anständig gekleidete Personen".

Im Laufe der Jahrhunderte wurde der Tierbestand laufend erweitert. Besondere Verzückung löste die erste Wiener Giraffe aus, die im Jahr 1828 in den Tiergarten einzog. Sie inspirierte Giraffen-Motive auf modischen Accessoires, ein Theaterstück, zwei Kompositionen und das Rezept der sogenannten Giraffentorte.

Die erste größere Modernisierung erfolgte 1884, bei der die fast vier Meter hohen Trennmauern zwischen den Tierabteilungen, damals „Logen" genannt, durch Gitter ersetzt wurden.

Der Erste Weltkrieg setzte dem Tiergarten schwer zu. Nur knapp 400 der 3500 Tiere überlebten den Krieg und die anschließenden Versorgungsengpässe. Die Wiener*innen organisierten Hilfsaktionen, sprangen mit Tier- und Sachspenden ein und ermöglichten so den Fortbestand des Tiergartens.

Auch im Zweiten Weltkrieg war es um den Zoo schlecht bestellt. Zahlreiche Fliegerbomben schlugen ein. Mehr als tausend Tiere starben. Die sowjetischen und britischen Besatzungstruppen halfen nach Kriegsende beim Wiederaufbau.

In den 1990er-Jahren wurden Umbauten durchgeführt, um die Tiergehege und -anlagen an die moderne Tierhaltung anzupassen. In den weiteren Jahrzehnten erfolgten regelmäßig Erweiterungen, Modernisierungen und tierischer Zuwachs, wie etwa 2003, als der Tiergarten Schönbrunn ein Paar Großer Pandas als Leihgabe von der Volksrepublik China erhielt.

2022 wurde der Tiergarten Schönbrunn zum sechsten Mal in Folge als bester Zoo Europas ausgezeichnet. Aktuelle Öffnungszeiten, Besonderheiten, Events und weiterführende Informationen gibt es auf *www.zoovienna.at.*

Blick durch die Blätter auf die Stadt – vom Baumkronenpfad im Schönbrunner

Tiergarten

WIENERBLICK

LAINZER TIERGARTEN

13., LAINZER TIERGARTEN

Haltestelle: Wien-Hütteldorf (U4, S-Bahn, 47B, 49A, 50A, 50B, 52A, 52B, 53A, Züge), dann etwa 2,5 km zu Fuß

Es gibt keinen besseren Ort für ein kaiserliches Picknick im Gras als beim Wienerblick im Lainzer Tiergarten mit prachtvoller Aussicht über die Stadt. Die Anreise erfolgt am besten zu Fuß vom Lainzer Tor. Es geht mal rauf, mal runter, wobei die Bäume immer wieder malerische Ausblicke auf den 14. Bezirk freigeben, bevor sich der Wald lichtet und wir auf die Wiese beim Wienerblick auf 434 Metern Seehöhe kommen.

Lainzer Tiergarten

Urkundliche Erwähnung fand der heutige Lainzer Tiergarten erstmals 1270 als Auhof in Hütteldorf. Überlieferungen zufolge gab es danach, seit 1457, den Thier- und Saugarten zu Laab im Walde, wo der Kaiserhof seine Jagdrechte ausübte. Die heutige Ausdehnung erreichte das Gebiet unter Kaiser Joseph II. im späten 18. Jahrhundert, als die rund 22 Kilometer lange Mauer rundherum errichtet wurde. Ende des 19. Jahrhunderts ließ Kaiser Franz Joseph I. die Hermesvilla als Geschenk für seine Sisi, Kaiserin Elisabeth, im Lainzer Tiergarten errichten.

Nach dem Ersten Weltkrieg ging das Gebiet in die Verwaltung des Kriegsgeschädigtenfonds über. Nur ein Jahr später wurde die Anlage – gegen Eintritt und nur am Wochenende – der Öffentlichkeit zugänglich gemacht.

Die erste Verkleinerung passierte, als jener Teil an der heutigen Hermesstraße gerodet und besiedelt wurde. Heute befindet sich hier die Siedlung *Friedensstadt.*

Der Kriegsgeschädigtenfonds wurde 1937 aufgelöst und der Lainzer Tiergarten ging vom Bund an die Stadt Wien über. 1941

Aussichtspunkt Wienerblick

Wienerblick vom Lainzer Tiergarten auf die Pavillons der Klinik Penzing, die

)tto-Wagner-Kirche am Steinhof, die Steinhofgründe und das Schloss Wilhelminenberg

wurde er zum Naturschutzgebiet erklärt und der Bevölkerung der Zutritt untersagt.

In der Besatzungszeit fiel das Gebiet an die Sowjetunion, infolge der allgemeinen Not wurden weitläufige Waldteile planlos abgeholzt und der Wildbestand beinahe gänzlich vernichtet. Die Hermesvilla verfiel zusehends. 1955 wurde der Tiergarten wiedereröffnet.

Als 1960 der Bau der Westautobahn einen Teil des Gebietes verlangte, wurde zum Ausgleich ein Ersatzgebiet bei Laab im Walde gekauft. Diese neuen neunzig Hektar sind der einzige Teil des Lainzer Tiergartens, der nicht zu Wien, sondern zu Niederösterreich gehört.

Die Eintrittspreise für das 2450 Hektar umfassende Erholungsgebiet wurden erst 1974 abgeschafft. Beinahe 2000 Hektar der Fläche sind Waldfläche (Wienerwald), durch die ein gut beschildertes Wanderwegenetz führt.

Die Hubertuswarte

Die 1937 errichtete, über 22 Meter hohe Hubertuswarte ist auf 508 Metern Seehöhe der höchste Punkt im Lainzer Tiergarten. 122 Stufen führen vom Eingang bis zur Aussichtsplattform auf etwa zwanzig Metern Höhe. Vom Wienerblick ist die Warte etwa drei Kilometer entfernt, die Aussicht, wenn auch beeindruckend, ist durch die umliegenden Bäume eingeschränkt.

HOTEL SCHLOSS WILHELMINENBERG

16., SAVOYENSTRASSE 2

Haltestellen: Wilhelminenberg (46A, 46B)

Ein Märchenschloss thront hoch über der Stadt. Umgeben von Wiesen, Wäldern und Weingärten liegt das ehemalige Jagdschloss am Wilhelminenberg. Von der Terrasse, vom Balkon und vom Wintergarten aus bietet sich Hotel- oder Eventgästen oder beim Besuch des Restaurants ein prächtiges Wien-Panorama.

Das ursprüngliche Gallitzin-Sommerschloss am Gallitzinberg wurde 1781 als Lusthaus für Feldmarschall Franz Moritz Lacy, Besitzer von Schloss Neuwaldegg, errichtet. Später übernahm der russische Botschafter Demetrius Fürst Gallitzin das Anwesen, was dem Gebäude seinen damaligen Namen gab. Der Park rund um das Schloss war mit Teichen und Springbrunnen bestückt und für die Allgemeinheit zugänglich.

Nach zahlreichen Besitzerwechseln ging das Schloss 1866 über Moritz Fürst Montléart an seine Frau Wilhelmine, geborene Fitzgerald (die Stifterin des Wilhelminenspitals). Seither ist es als Schloss Wilhelminenberg bekannt.

Zu Beginn des 20. Jahrhunderts wurde anstelle des Sommerschlösschens ein Neubau im Neoempirestil errichtet. Die Pläne dafür stammten von Eduard von Frauenfeld und Ignaz Sowinsky. Zuerst diente es als Wohnsitz für Erzherzog Rainer, dann für seinen Neffen Erzherzog Leopold Salvator, bevor es im Ersten Weltkrieg als Lazarett Verwendung fand. Nach dem Krieg wurde es zu einem Genesungsheim für Kriegsopfer.

Nachdem die Gemeinde Wien im Jahr 1927 das gesamte Objekt ankaufte, wurde es zum Kinderheim Wilhelminenberg umgestaltet. Die von Otto und Lilli Koenig gegründete Bio-

Aussicht auf den 16., 14. und 10. Bezirk vom Hotel Schloss Wilhelminenberg

Hotel Schloss Wilhelminenberg

logische Station konnte in einem Teil des Parks und in Wirtschaftsgebäuden untergebracht werden.

Im Jahr 1934 hatte das Schloss als Kinderheim ausgedient. Für vier Jahre zogen die Wiener Sängerknaben ein. Nach dem Zweiten Weltkrieg wurde es erneut zu einem städtischen Kinderheim, das 1977 geschlossen wurde.

Das erste Hotel eröffnete im Jahr 1988 als Familien- und Jugendhotel. Seit 2000 befindet sich im historischen Palais das Vier-Sterne-Hotel Schloss Wilhelminenberg, das zu den Austria Trend Hotels gehört.

Restaurant Schloss Wilhelminenberg

Mit kaiserlichem Stadtblick werden im Restaurant & Café Schloss Wilhelminenberg neben Frühstücks- und, an Sonn- und Feiertagen, Brunchbuffet auch Wiener Schmankerl und österreichische Küche geboten.

www.austria-trend.at/de/hotels/schloss-wilhelminenberg/restaurant-cafe

Die Skyline von Wien – Aussicht vom Schafbergbad

SCHAFBERGBAD

18., JOSEF-REDL-GASSE 2

Haltestelle: Schafbergbad (42A)

Über die Weinberge fällt der Blick auf Wien, dessen Skyline sich im morgendlichen Dunst schwarz abhebt. Im Laufe des Tages wird die Sonne die fantastische Aussicht gänzlich freilegen. An Hitzetagen suchen die Badegäste Zuflucht unter den Bäumen oder im Wasser. Die knallige Buntheit der 70er-Jahre-Architektur bietet auch ohne Ausblick etwas fürs Auge.

Das Schafbergbad ist – zusammen mit dem Döblinger Krapfenwaldlbad - für seinen Wien-Blick bekannt. Noch vor dem Ersten Weltkrieg wurde an dieser Stelle ein Bad als Ergänzung zu einem beliebten Aussichtshotel erbaut. In den 1920er-Jahren erfolgte der Ausbau nach Plänen des Architekten Alexander Popp. Nach dem Zweiten Weltkrieg verfiel das Bad zusehends, und so musste die Anlage in den 1960er-Jahren geschlossen werden. Die Stadt Wien übernahm das Bad, ließ es 1969 abreißen und in den folgenden Jahren nach Plänen des Architekten Herbert Ursprunger neu errichten. Die strikt orthogonalen Raster aus Fertigteilelementen und die Option, das Bad später zu erweitern (es war ein Hallenbad geplant, das nie errichtet wurde), folgten klar der Tradition des Strukturalismus. Im Jahr 2000 wurde die damals mit einer Länge von 102 Metern längste Wasserrutsche Wiens ergänzt.

Heute ist das Bad in weiten Teilen in seinem ursprünglichen Zustand erhalten, das großflächige Becken und die Technik des Bades wurden jedoch modernisiert. Das Schafbergbad bietet auf 70.000 Quadratmetern rund 10.000 Personen Platz.

Morgenstimmung im Schafbergbad – noch liegt Dunst über der Stadt

AM COBENZL

EVENTLOCATION WEITSICHT

19., AM COBENZL 96

Haltestelle: Cobenzl Parkplatz (38A, 43A)

Moderner Schick trifft auf vergangenen Prunk. Der neu gebaute und erst 2022 fertiggestellte Glaspalast der Eventlocation Weitsicht steht im Kontrast zum Altbestand aus dem 19. Jahrhundert, der seit der Renovierung in neuem Glanz erstrahlt. Dennoch bilden Alt und Neu eine harmonische Einheit. Vor der Anlage – auf dem Dach des Rondell Cafés – befindet sich eine frei zugängliche Aussichtsplattform.

Der Cobenzl heißt eigentlich Reisenberg, liegt auf 382 Metern Seehöhe und wurde 1271 erstmals urkundlich erwähnt. Ursprünglich gehörte er den Jesuiten, die hier eine Villa besaßen. Im 18. Jahrhundert kaufte jedoch Johann Philipp Graf Cobenzl den Berg für 1200 Gulden. Er legte über Jahrzehnte hinweg einen größeren Garten an und ließ das Landhaus zu einem schlossartigen Gebäude umgestalten. Zu den berühmten Gästen des Grafen zählten Wolfgang Amadeus Mozart sowie die beiden Schriftsteller Alois Blumauer und Joseph von Hammer-Purgstall, die dem Garten ein literarisches Denkmal setzten. Auch Karoline Pichler und Franz Anton de Paula Gaheis hielten die Grünanlage in Worten fest.

Nach dem Tod von Cobenzl verfiel die Anlage zusehends, da dem neuen Besitzer das Geld fehlte, um die während der französischen Besetzung Wiens im Jahr 1809 entstandenen Schäden zu beheben. Der nächste Besitzer, Karl Freiherr von Reichenbach, führte hier seine magnetischen Experimente durch, bevor er das Anwesen für 130.000 Gulden weiterverkaufte. Der Bankier Johann Karl Freiherr von Sothen fand kein Happy End am Cobenzl, ganz im Gegenteil: Er wurde von seinem Jäger Eduard Hüttler erschossen.

Das Rondell Café am Cobenzl

Blick vom Cobenzl auf Wien

Gegen Ende der 1890er-Jahre, der Grundbesitz lag inzwischen in den Händen der Allgemeinen holländisch-österreichischen Baugesellschaft, wurde das Schloss erstmals in ein Hotelrestaurant umgestaltet. Für die Pläne zeichnete Hans Miksch verantwortlich. Der gesamte Grund umfasste eine Fläche, die dem heutigen Bezirk Mariahilf entspricht. Die Gemeinde Wien erwarb dieses riesige Anwesen um 1,5 Millionen Kronen im Jahr 1907. Ab 1912 betrieben die Pächter Julius Kühn und Ludwig Träuber den neu erbauten Cafépavillon und die Volksgastwirtschaft Krapfenwaldl. Das großstädtische Etablissement, das bis zu 4000 Menschen gleichzeitig verköstigen konnte, wurde 1928 durch den Architekten Stefan Fayans umgestaltet. Mit dem Bau der Höhenstraße in den 1930er-Jahren wurde der einst so hochgelobte Park zerstört. Der Zweite Weltkrieg verwüstete schließlich das Schlosshotel. Nach Kriegsende fand dieses als Flüchtlingsheim Verwendung. Anfang der 1950er-Jahre wurde das Rondell Café erbaut. Mit der legendären Bar, die nun auch Nachtschwärmer auf den Cobenzl lockte, war die Popularität ungebrochen. Als die Pächterschaft der Familie Hübner im Jahr 1972 endete, fiel die gesamte Anlage in einen Dornröschenschlaf.

Der aktuelle Pächter ließ das Gelände ab 2021 umbauen, dabei wurden das historische Schloss und die Meierei renoviert, während daneben ein Neubau für Veranstaltungen wie Hochzeiten, Seminare oder Kulturevents entstand. Das alte Rondell Café wurde abgerissen, aber auf der historischen Steinmauer, die von jeher das Erscheinungsbild prägte, neu aufgebaut. Die Einrichtung ist in Hinblick auf die historischen Wurzeln im 50er-Jahre-Stil gehalten, inklusive einer Mid-Century-Bar in der Mitte.

Im September 2022 eröffnete die *Weitsicht Cobenzl* mit dem neuen Panorama-Haus, dem Schloss Cobenzl und der Meierei.

Rondell Café am Cobenzl
Die kleine Karte überzeugt mit österreichischen und internationalen Gerichten. Die Aussicht über Wien spricht für sich.
www.weitsichtcobenzl.at/rondell

AM KAHLENBERG

STEPHANIEWARTE

Haltestelle: Kahlenberg (38A)

Dem Trubel der Stadt zu entfliehen gelingt am Kahlenberg nicht leicht. Souvenirstände reihen sich aneinander, Standler*innen betreuen die am Parkplatz ankommenden Tourist*innen und versuchen Postkarten, Magnete, Schals und sonstiges Wien-Merchandise zu verkaufen. Die versprochene Aussicht liegt noch versteckt hinter der im 18. Jahrhundert nach einem Brand wiederaufgebauten katholischen Kirche St. Josef. Zwischen Kirche und Aussichtspunkt lädt ein Brunnen ein, Fotos zu schießen. Bunte, häufig mit Namen versehene Vorhangschlösser hängen am feinmaschigen Gitter des Brunnens. So lebt die Liebesschloss-Tradition in Wien nicht auf einer Brücke, sondern am Berg – direkt vor der Aussichtsterrasse, die den Blick auf die Donau und über ganz Wien ermöglicht.

Die erste Bebauung des Kahlenbergs, der damals aufgrund der vielen Wildschweine als Schweins- oder Sauberg bekannt war, fand in der ersten Hälfte des 17. Jahrhunderts statt. Es handelte sich um eine Eremitage für den römisch-katholischen Kamaldulenser-Orden. In der Stiftungsurkunde wurde der Berg zum Josephsberg umbenannt, Ende des 17. Jahrhunderts erhielt er den Namen Kahlenberg. Im Jahr 1683 wurde die von den Kamaldulensern hier errichtete Kirche von den Türken in Brand gesteckt. Der Neubau der Kahlenberger Kirche verzögerte sich bis zur Mitte des 18. Jahrhunderts. Im Jahr 1795 kam das Gut Kahlenberg samt Kirche in den Besitz des Stifts Klosterneuburg.

In der zweiten Hälfte des darauffolgenden Jahrhunderts ließ die Österreichische Bergbahn-Gesellschaft eine Standseilbahn nach Plänen Carl Maaders für die Wiener Weltausstellung errichten. Die Kahlenbergbahn war die erste Zahnradbahn Österreichs und führte von Nußdorf über Grinzing und das Krapfen-

Blick vom Kahlenberg auf die Donaustadt, die Donau City und die Donauinsel

waldl zur Elisabethwiese im Sattel zwischen Kahlenberg und Leopoldsberg. 1876 wurde die Strecke bis zum höchsten Punkt des Kahlenbergs verlängert. Die gesamte Fahrt dauerte etwa eine halbe Stunde. Dabei wurden 5,5 Kilometer zurückgelegt und 314 Höhenmeter überwunden. Die Zahnradbahn wurde wegen des Ersten Weltkriegs niemals elektrifiziert, stattdessen wurde ihr Betrieb 1922 eingestellt.

Seit 1935 führt die Höhenstraße auf den Kahlenberg und zum von Erich Boltenstern errichteten Kahlenbergrestaurant.

Die Stephaniewarte

Dort, wo einst die Kahlenbergbahn endete, steht bis heute die 22 Meter hohe Stephaniewarte. Sie wurde von Erzherzogin Stephanie gestiftet und im Jahr 1887 nach Plänen von Ferdinand Fellner II und Hermann Helmer durch die Kahlenberg Eisenbahn-Gesellschaft errichtet. Das Abbruchmaterial der ursprünglichen Bergstation der Drahtseilbahn (auf der Elisabethwiese) wurde als Baumaterial genutzt. Zwei getrennt begehbare Stiegenhäuser führen über jeweils 125 Stufen auf die Aussichtsplattform. 1974 gesellte sich in unmittelbarer Nachbarschaft ein 165 Meter hoher stählerner Fernsehturm zur Warte. Seit den 1980er-Jahren befindet sich die Warte im Besitz der Stadt Wien. Die Stephaniewarte ist von Mai bis Oktober an Sams-, Sonn- und Feiertagen geöffnet. Sie wird von der Ortsgruppe Döbling der Naturfreunde betreut.
https://doebling.naturfreunde.at

Skyline Restaurant

Im Skyline Restaurant auf dem Kahlenberg stehen traditionsreiche, saisonale Wiener und internationale Küche auf der Speisekarte. Hinzu kommt eine große Auswahl an Torten und Mehlspeisen. Am Wochenende gibt es Brunch. Alle Speisen können auch mitgenommen werden. Bei kühlerem Wetter bietet sich der Wintergarten mit Panoramablick über Wien an, an Sonnentage gibt's die Aussicht von der Terrasse aus.
www.kahlenberg.wien/html/de/skyline.html

DANKSAGUNG

Dass Sie dieses Buch in Händen halten, verdanken Sie nicht nur der Autorin und der Fotografin, sondern auch den zahlreichen Menschen, die uns unterstützt haben. Allen voran Siegmar Schlager vom Falter Verlag, der an unsere Ideen glaubt und uns mit Rat und Tat zur Seite steht, sowie Marion Großschädl, die für Grafik und Layout, und Helmut Gutbrunner, der für das Lektorat zuständig ist.

Viele Details, Geschichten und Hintergrundinformationen haben wir nur erfahren, weil sich Gesprächspartner*innen gefunden haben: Hier gilt unser Dank vor allem Georg Baresch (Wien Energie), Christian Giesen (Radisson RED Vienna), Viktoria Grafinger (Rektoratskirche St. Karl Borromäus), Christian Herrlich (Dompfarre St. Stephan), Clarissa Höbinger (Wien Energie), Stefanie Jovanovic-Kruspel (Naturhistorisches Museum Wien), Enzo Meisel-Potrzuski (Wien Museum), Roman Müller (MA 31 – Wiener Wasser), Carolin Obermüller (Volkstheater), Klaus Pokorny (Leopold Museum-Privatstiftung), Irene Preißler (MuseumsQuartier), Silke Roes (Kelsen im Parlament), Veronika Schallhart (Universität Wien), Daniele Schlögl (Donauturm), Romy Schrammel (Ringturm) und Irene Wolfram (Kunst Haus Wien).

Für die Genehmigung zum Abdruck der Fotos bzw. den unkomplizierten E-Mail- und Telefonkontakt und die Führungen vor Ort möchten wir uns außerdem bei Sara Al-Salakhi (Grand Ferdinand), Dieter Bischoff (Hotel Daniel Vienna), Ivo Brnjic (Justizcafé), Dompfarrer Toni Faber (Dompfarre St. Stephan), Barbara Feldmann (Schönbrunner Tiergarten), Maria Födisch (Burgtheater), Lydia Fuchs (Austria Trend Hotels Schloss Wilhelminenberg), Lukas Grünbichler (Organics Sky Garden), Maximilian Gutmann (25hours Hotel beim MuseumsQuartier), Philipp Heinzl (Haus des Meeres), Katharina Isel (Motto Catering), Alexander Krügl (Österreichische Bundesgärten), Monika Leisser (Stadt Wien Bäder), Ulrike Leonhartsberger (Grand Ferdinand), Susanne Michl (LENIKUS), Dejan Milhajlovic (Technische Universität Wien), Nuriel Molcho (NENI Holding), Beate Müller (Kelsen im Parlament), Sonja Oswald (Donauturm Aussichtsturm- und Restaurantbetriebsgesellschaft), Laura Pirich (DO & CO), Amita Riley (Neue Hoheit – Rosewood Hotels), Katharina Rusch (Skybox Gastronomiebetrieb), Jasmin Li Schaffer (Palais Pálffy), Daniele Schlögl (Donauturm Aussichtsturm- und Restaurantbetriebsgesellschaft), Alice Schumacher (Naturhistorisches Museum Wien), Herwig Schweighofer (STC Development), Jasmin Strauss-Aigner (Haus der Musik), Kurt Tisch (Naturfreunde Währing) und Sabrina Unzeitig (Wiener Riesenrad) bedanken.

Zudem gilt unser Dank der Bundesimmobiliengesellschaft m.b.H. und Brandauers Bierbögen – Thomas BRANDAUER e.U.

Zu guter Letzt bleibt nur ein großes Wort des Dankes an all die lieben Menschen, die freudig von ihren Lieblingsaussichtspunkten erzählt, Orte empfohlen und persönliche Geschichten und Vorlieben beigesteuert haben, um dem Buch Leben und Fantasie einzuhauchen.

Wir sagen Danke!

QUELLEN

Bousska, Hans Werner (2018): Sakrale Bauten in Wien. Erfurt: Sutton.

Demattio, Frederike und Demetz-Wille, Valentin (2006): Wiener Höhepunkte. Wo Wien von oben am schönsten ist. Wien: Metroverlag.

Habres, Christof (2010): Wiener Barbuch. Wien: Metroverlag.

Jovanović-Kruspel, Stefanie und Schumacher, Alice (2014): Das Naturhistorische Museum – Baugeschichte, Konzeption & Architektur. Wien: Verlag des Naturhistorischen Museums Wien.

Kalmár, János und Lehne, Andreas (2017): Über den Dächern von Wien. Schleinbach: Edition Winkler-Hermaden.

Semper, Viola Rosa und Schwarz, Charlotte (2021): Verlockende Oasen. Parks, Grünräume und malerische Gärten in Wien. Wien: Falter Verlag.

Wiener Städtische Versicherung (Hg., 2005): 50 Jahre Ringturm. Wien: echomedia.

Architektenlexikon Wien 1770 – 1945: http://www.architektenlexikon.at/de/idx_A.htm

Austria-Forum – das Wissensnetz aus Österreich: http://austria-forum.org/

Der „WIEN WIE ES ISST"-Lokalführer: https://www.falter.at/lokalfuehrer

Geschichte Wien Wiki: https://www.geschichtewiki.wien.gv.at

Ausserer, Michael (2018): Exklusiv: Auf der Spitze des Stephansdoms. https://www.erzdioezese-wien.at/site/home/nachrichten/article/69221.html

Austria Trend Hotel Schloss Wilhelminenberg (Hg.) (o. J.): Willkommen im Hotel Schloss Wilhelminenberg**** in Wien. https://www.austria-trend.at/de/hotels/schloss-wilhelminenberg

Bücherl, Christian (Hg.) (o. J.): Bungee Jumping Donauturm Wien von Jochen Schweizer – 152 Meter Bungeesprung. http://www.bungee-jumping-gutschein.de/oesterreich/bungee-jumping-donauturm-wien-von-jochen-schweizer-152-meter-bungeesprung/

Bundesdenkmalamt (Hg.) (2012): Hotel Daniel. Ehemaliges Hoffmann-La Roche-Gebäude. https://www.bda.gv.at/dam/jcr:3007c2f8-beef-4e55-8bd8-12be0e4655fd/BDA_wiederhergestellt_4_WEB_130618.pdf

Burghauptmannschaft Österreich (Hg.) (o. J.): 30 Jahre Redoutensaalbrand. https://www.burghauptmannschaft.at/Themen/30Jahre-Redoutensaalbrand.html

Burgtheater GmbH (Hg.) (o. J.): Burgtheater. https://www.burgtheater.at/burgtheater

Café Gloriette (Hg.) (o. J.): Die Gloriette. https://www.gloriette-cafe.at/die-gloriette/

CityABC WienWiki (Hg.) (o. J.): Salvatorgasse 1. https://cityabc.at/index.php/Salvatorgasse_1

Corti, Severin (2022): Im Rosewood-Hotel: Hohe Neuheit. Der Standard. https://www.derstandard.at/story/2000139220061/im-rosewood-hotel-hohe-neuheit

Czaja, Wojciech (2021): Neuer Ikea beim Westbahnhof: Ein Haus für Billy. Der Standard. https://www.derstandard.at/story/2000129202942/neuer-ikea-beim-westbahnhof-ein-haus-fuer-billy

Der Standard (Hg.) (2015): Karlskirche: Fremdenfeinde wollen „Moschee am Karlsplatz" abreißen. https://www.derstandard.at/story/2000027424869/karlskirche-fremdenfeinde-wollen-moschee-am-karlsplatz-abreissen

Der Standard (Hg.) (2022): Wiener Ausflugsziel in neuem Glanz: „Weitsicht Cobenzl" eröffnet. https://www.derstandard.de/story/2000139969381/wiener-ausflugsziel-in-neuem-glanz-weitsicht-cobenzl-eroeffnet

Die Presse (Hg.) (2023): Begrünung: Wiener Museumsquartier wird zum Dschungel. https://www.diepresse.com/6283526/begruenung-wiener-museumsquartier-wird-zum-dschungel

Donauturm Aussichtsturm- und Restaurantbetriebsgesellschaft m.b.H (Hg.) (o. J.): Der Donauturm damals. https://www.donauturm.at/de/der-turm/geschichte/

Frauen Bauen Stadt (Hg.) (o. J.): Silja Tillner. https://www.frauenbauenstadt.at/exhibition/silja-tillner/

Frey, Gerhard (o. J.): Stephansdom von Außen. https://www.stadt-wien.at/wien/sehenswuerdigkeiten/stephansdom/stephansdom-von-aussen.html

Gruber, Aurelia (2012): Die Misconceivable ist vor Anker gegangen. https://european-cultural-news.com/die-misconceivable-ist-vor-anker-gegangen/6019/

Hausenblas, Michael (2021): Ikea-Opening: Möbel mit Aussicht! Der Standard. https://www.derstandard.at/story/2000129193875/ikea-opening-moebel-mit-aussicht

Hausladen, Philipp (2021): Denkmalpflegerisches Gesamtkonzept für das Schafbergbad. https://denkmalpflege.tuwien.ac.at/index.php/philipp-hausladen/

Heinze GmbH (Hg.) (o. J.): Umbau des Kaufhauses Gerngross in Wien. https://www.baunetzwissen.de/fassade/objekte/gewerbe-industrie/umbau-des-kaufhauses-gerngross-in-wien-2422697

Holzer, Florian: (2021): So schmeckt es am Dach des neuen Ikea bei Toppen und Jo&Joe. Kurier. https://kurier.at/freizeit/essen-trinken/ikea-wien-neu-toppen-jo-joe-florian-holzer/401728101

IG Immobilien Management GmbH (Hg.) (o. J.): Prater Glacis. https://www.ig-immobilien.com/ueber-uns/immobilien-portfolio/prater-glacis-perspektivstrasse-4-6-8-10

Imlinger, Christine (2015): Grand Ferdinand: Wohnen, wo einst Agenten werkten. Die Presse. https://www.diepresse.com/4839958/grand-ferdinand-wohnen-wo-einst-agenten-werkten

Innocard Architektur (Hg.) (o. J.): New Construction of a Radisson Red Hotel in Vienna. https://innocad.at/projects/the-rock/

Jungbluth, Susanne (o. J.): Das Dach vom Stephansdom und das verkehrte Wappen. https://vonortzuort.reisen/oesterreich/wien/dach-stephansdom/

Kaufhaus Gerngross (Hg.) (o. J.): Vom Stoffgeschäft zum modernen Kaufhaus – ein kurzer Überblick über eine lange Erfolgsgeschichte. https://www.gerngross.at/de/geschichte/

Kaufhaus Steffl (Hg.) (o. J.): Geschichte Kaufhaus Steffl. https://www.steffl-vienna.at/de/geschichte/

Kirchenmeisteramt (o. J.): Geschichte der Domkirche. https://www.stephanskirche.at/history.php

Krippl-Redlich, Rudolf (2018): Tausende Dachziegel für ein Nationalheiligtum. Wiener Zeitung. https://www.wienerzeitung.at/themen/100-jahre-republik/100-jahre-republik-tagebuch/997159-Tausende-Dachziegel-fuer-ein-Nationalheiligtum.html

KunstHausWien (Hg.) (o. J.): Geschichte & Gestaltung. https://www.kunsthaus-wien.com/de/uber-uns/kunst-haus-wien/geschichte-gestaltung/

Mähr, Manuela (2010): Pauline hat ein neues Kleid. MeinBezirk.at. https://www.meinbezirk.at/waehring/c-lokales/pauline-hat-ein-neues-kleid_a23643

Mamilade (Hg.) (o. J.): Baumkronenpfad im Tiergarten Schönbrunn. https://www.mamilade.at/wien/wien-13/ausflugstipps/tiergarten/baumkronen-pfad-im-tiergarten-schoenbrunn

Parlament Österreich (Hg.) (2002): Das Dach des Österreichischen Parlaments – Ein Kunstwerk. Parlamentskorrespondenz Nr. 733 vom 16.12.2002. https://www.parlament.gv.at/aktuelles/pk/jahr_2002/pk0733

Parlament Österreich (Hg.) (o. J.): Architektur. https://www.parlament.gv.at/erleben/parlamentsgebaeude/architektur/index.html

Parlament Österreich (Hg.) (o. J.): Geschichte. https://www.parlament.gv.at/erleben/parlamentsgebaeude/geschichte/index.html

Parlament Österreich (Hg.) (2023): Parlamentssanierung: Das Hohe Haus erstrahlt in neuem Glanz. Parlamentskorrespondenz Nr. 13 vom 11.01.2023. https://www.parlament.gv.at/aktuelles/pk/jahr_2023/pk0013

Posch, Herbert (2017): NIG. Das Neue Institutsgebäude. https://geschichte.univie.ac.at/de/artikel/nig-das-neue-institutsgebaeude

Postl, Elisabeth (2015): Gäste- statt Geisterhaus am Ring. Die Presse. https://www.diepresse.com/4845448/gaeste-statt-geisterhaus-am-ring

Rachbauer, Stefanie (2022): Die neue Weitsicht vom Cobenzl nimmt Form an. Der Standard. https://www.derstandard.de/story/2000136233155/die-neue-weitsicht-vom-cobenzl-nimmt-form-an

Rachbauer, Stefanie (2023): Das Parlament ist eingeweiht: Heimkehr mit Staatsakt und Selfies. Der Standard. https://www.derstandard.at/story/2000142531721/das-parlament-ist-eingeweiht-heimkehr-mit-staatsakt-und-selfies

Rosewood Vienna (Hg.) (2022): Rosewood Hotels & Resorts Announces Rosewood Vienna to Open July 2022. Press Release (30. April 2022).

https://www.rosewoodhotels.com/en/vienna/media/press/2022/rosewood-hotels-and-resorts-announces-rosewood-vienna-to-open-july-2022

Scherer, Georg (2021): Obere Donaustraße 61: Vom Historismus-Bau zum Hotelblock. WienSchauen. https://www.wienschauen.at/obere-donau-strasse-61-vom-historismus-bau-zum-hotelblock/

Simoner, Michael (2013): Gebäude am Schubertring: Früher Staatsschutzzentrale, heute Schandfleck. Der Standard. https://www.derstandard.at/story/1373513845742/gebaeude-am-schubertring-frueher-staatsschutz zentrale-heute-schandfleck

Tiergarten Schönbrunn (Hg.) (o. J.): Naturerlebnispfad. https://www.zoovienna.at/anlagen/naturerlebnispfad/

TU Wien (Hg:) (o. J.): Plus-Energie-Bürohochhaus. Gebäudekonzept. Das Gebäude. https://www.tuwien.at/tu-wien/campus/tu-univercity/standorte/plus-energie-buerohochhaus/gebaeudekonzept

Verein der Freunde der Wiener Karlskirche (Hg.) (2021): Geschichte der Karlskirche. https://karlskirche.eu/geschichte-der-karlskirche/

Verein wienXtra (Hg) (2020): Wanderung zum Wienblick im Lainzer Tiergarten. https://blog.kinderinfowien.at/wanderung-zum-wienblick-im-lainzer-tiergarten/

Weitsicht Cobenzl (Hg.) (o. J.): Ein Blick zurück. https://weitsichtcobenzl.at/geschichte/

Werfring, Johann (2023): Aus für den Kirchenlift in der Wiener Karlskirche. Wiener Zeitung. https://www.wienerzeitung.at/nachrichten/chronik/wien-chronik/2177093-Aus-fuer-den-Kirchenlift-in-der-Karlskirche.html

Wiener Riesenrad (Hg.) (o. J.): Geschichte. https://wienerriesenrad.com/geschichte/

Wiener Städtische Versicherungsverein (Hg.) (o. J.): Ringturmverhüllungen. https://www.wst-versicherungsverein.at/ringturmverhullungen-uber-sicht/

Wien Museum Neu (Hg.) (2023): Wien Museum Neu Presseinformation. https://www.wienmuseumneu.at/fileadmin/user_upload/WienMuseum-Neu_Presseinfo_Website.pdf

Wien Museum Neu (Hg.) (2023): Wien Museum Neu Video. https://www.wienmuseumneu.at/index.php

World-Architects (Hg) (o. J.): The Rock – Radisson Red Vienna. https://www.world-architects.com/de/innocad-graz/project/the-rock-radisson-red-vienna

(Abrufdatum aller Internetseiten: 31. Mai 2023)

FOTOGRAFIE

CHARLOTTE SCHWARZ

Die Wiener Fotografin Charlotte Schwarz präsentiert künstlerisch-kreative Fotografie mit einer unverkennbaren Bildsprache.

Sie begann 2003 mit der Werkbundsiedlung ein Stück Wien fotografisch festzuhalten. Das Ergebnis war der erfolgreiche Webauftritt „WERKBUNDSIEDLUNG Wien 1932", preisgekrönt mit dem at-award 2003/2004 in Gold für Kunst und Kultur.

Die Architekturfotografie von zahlreichen Palais und Schlössern – Schloss Schönbrunn, Innenräume des Unteren Belvedere, Winterpalais des Prinzen Eugen, Palais Kinsky-Daun, Palais Ferstel, Wiener Börse – zählt ebenfalls zu ihren Projekten.

2016 wurde sie als Artdirektorin und Fotografin für das Projekt „650 Jahre Gold- und Silberschmiede" von der Landesinnung Wien betraut und hierfür mit dem „Goldenen Hammer" der Goldschmiedemeister*innen ausgezeichnet.

Zuletzt erschienene Publikationen: „Mystisches Baden", zusammen mit Gabriele Hasmann (Text), Kral Verlag, Berndorf 2018; „Baden City Guide", zusammen mit Gabriele Hasmann (Text), Kral Verlag, Berndorf 2019; „Geheime Pfade", zusammen mit Gabriele Hasmann (Text), Falter Verlag, Wien 2019; „Faszinierende Wege", zusammen mit Gabriele Hasmann (Text), Falter Verlag, Wien 2020; „Verlockende Oasen", zusammen mit Viola Rosa Semper (Text), Falter Verlag, Wien 2021; „Bezaubernde Ziegel", zusammen mit Viola Rosa Semper (Text), Falter Verlag, Wien 2022.

Gewinnerin des Fotowettbewerbs der Bundesinnung Berufsfotografie zum Thema „stadtleben:2022". Die anschließende Großformat-Foto-Ausstellung fand auf der Kaiserwiese, Prater, vom 5. Juli bis 7. August 2022 statt.

Facebook: *www.knallschwarz.at*

Foto: kunstfotografin.at | Do Laura Schator

TEXT

VIOLA ROSA SEMPER

Viola Rosa Semper stammt aus dem Waldviertel und ist seit ihrer Kindheit erzählerisch tätig und vielseitig interessiert. Während ihres Bachelor-Studiums der Meteorologie an der Universität Wien belegte sie auch Vorlesungen an der Universität für angewandte Kunst im Bereich der Sprachkunst. Seit dem Studienabschluss ist sie als selbstständige Lektorin, Tutorin für Deutsch als Fremdsprache, Texterin und Schriftstellerin tätig. Zudem unterrichtet sie Kreatives Schreiben für Kinder und Jugendliche.

Seit 2015 werden ihre Kurzgeschichten in Anthologien und Literaturzeitschriften veröffentlicht. Ausgezeichnet wurde sie unter anderem mit dem Hattinger Förderpreis für junge Literatur (Publikumspreis, 2017), dem 2. Preis des Regensburger Jungautorenwettbewerbs (2018) und dem 2. Preis des „Aufbrechen"-Wettbewerbs des NÖ Kulturforums (2019), hinzu kommen Stipendien für HALTlose Prosa (2017), das Literaturlabor Wolfenbüttel (2018) und die Autorenausbildung im Schreibhain Berlin (2020–2022).

Zuletzt von ihr erschienen: „Literaturführer Wien" (2020), „Verlockende Oasen" (2021) und „Bezaubernde Ziegel" (2022), zusammen mit Charlotte Schwarz (Fotos), alle im Falter Verlag.

www.viola.semper.at

Instagram: *https://www.instagram.com/vrsemper_autorin*

Foto: Charlotte Schwarz

REGISTER

GEBÄUDE, MUSEEN, CAFÉS, RESTAURANTS UND BARS

REGISTER

PERSONEN UND ARCHITEKTURBÜROS